3

はじめての
学級づくり
シリーズ3

話し合いをしよう

HAJIMETENO GAKKYU DUKURI
SERIES 3

大和久 勝 ÔWAKU MASARU
丹野 清彦 TANNO KIYOHIKO

クリエイツかもがわ
CREATES KAMOGAWA

はじめに

大和久　勝

第1巻『班を作ろう』（二〇一四年一一月）第2巻『リーダーを育てよう』（二〇一五年五月）に続いて、今回、第3巻『話し合いをしよう』をまとめることができました。班・グループの指導、リーダーの指導、話し合いの指導という学級づくりの三つの方法論にかかわって、その指導の内容をわかりやすく示すことができたのではないかと思っています。

私たちは、編集・執筆の方針として、誰にも興味がもてるような内容に組み立てて、初心者にもわかりやすく、経験者には体験から考えてもらえるようにと苦心しました。編集は、丹野さんと二人で担当しましたが、執筆は、今回も日本の各地から、大勢の人がかかわっています。

第1章は、「話し合いをしよう」ワークショップ編です。内容は、「何でも話し合おう」「いつでも話し合う」「はじめての話し合い——学級憲法をつくろう」「学級会の議題はどこから」「原案を書いて話し合おう」「決め方はどうする?——多数決or全員一致」「みんなで決めて、みんなで守る」「困った! いじめ発見　みんなで討論」「どうする!　ケンカ発生　個別に対話」「いやだ!　モノがなくなった」の一〇の内容。

それぞれの方の実践記録がバックになって論じられていますから読んでいて説得力があります。執筆者は丹野清彦さんのほか、富山の中村弘之さん、福島の古関勝則さん、石川の泉克史さん、大分の小野晃寛さん、北海道の髙橋孝明さん、高知の小田原典寿さんの七人です。また、今回も、1巻、2巻に引き続き、岩本みよ子さんのイラストが効果的です。

第2章は、「やってみよう！　実践編」です。風野みさきさん、丹野清彦さん、牧野幸さんの三人の方の実践記録が集められました。北海道の日高、大分県湯布院、熊本県熊本城界隈などを舞台に、それぞれの学校の立地条件の中で育てられた地域性豊かな実践です。先生の個性も、実践の中で輝きを放っています。「話し合い」の魅力がたっぷりです。

第3章は、「おしえて！　話し合いづくりとは何？　その魅力と発展」という表題の〈やさしい理論編〉です。「やさしく解説する」という点では、実は今回が一番苦労しました。「対話・討論・討議」という話し合いの指導を通じて、何を教えていくのか、どのような力を育てていくのかにこだわりながら、できるだけわかりやすく解説しようとしました。第3章は3部構成です。第3章の2は、「実践記録（第2章）から〈話し合いづくり〉の魅力を学ぶ」とあり、実践記録を読者のみなさんとていねいに読みひらこうという試みをしました。第3章の2を読んでから、改めて第2章の実践記録を読んでもらえるといいなと思います。

さて、「班」「リーダー」「話し合い」の三つの巻は、それぞれに読んでも「学級（集団）づくりと何か」「教師の指導性とは何か」がわかるように、編集・執筆されていますが、三冊あわせて学習されることで「学級づくり（集団づくり）」のすべてがわかります。三冊があわせて活用されることを期待しています。

話し合いをしよう：もくじ

第1章

話し合いをしよう

ワークショップ編

その1

何でも話し合おう

子どもが自分たちで
どんどん進めていくクラスにしたい、
「意見がいっぱい出て
困ったよ〜」
そんな悩みが言いたいな。

だけどさ、意見を言ってください
と、呼びかけてもシーン……
この現実、変えられますか。

話し合いをはじめる４つのステップ

❶まず教師が見本

❷わざと質問させる

❸原案を書く

❹誰でも提案者に

① はじめての話し合い

現実は変えられる。だけど変えたいことだらけ。ものが言える学級にしたい。しゃべられすぎても困るけど、わいわい元気でにぎやかなクラスがいい。シーンとした学級が立派なクラスかも、なんて思ってない？　それはそれで大事。だけど、あなたはどんなクラスをめざしているのかな。

ぼくは子どもの声が響くクラス。できればけじめがあって、自分の考えをきっぱりと発言できる。そんな学級をつくりたい。でも、どうやって話し合いをはじめるの？

これから第一回学級会をはじめます。ぼくは何でも話し合って、決めていきたいと思う。みんなも考えを出してください。話し合うことは、「席はどうするか」です。提案者の丹野先生どうぞー。ぼくは、出席番号順を提案します。

「一人二役か」

十兵衛がささやきました。そう、はじめは教師が司会と提案者を兼ね、やって見せます。そのうち、「期間はいつまでですか」と、お笑いタイプに質問を頼みます。提案する→質問が出る。「ぼくも何か聞いてみよう」、だんだん話し合いになると思いませんか。

2 何を話し合うの？

では、具体的にどんなことを話し合うのか。新学期から順に説明します。ええ！　こんなことまで、と思うかもしれません。話し合うといっても、5分ほど。リズミカルにやっていきます。なんでも話し合うという姿勢を示すためです。

第1回学級会
議題「はじめての席」
出席番号順の席を提案します。司会も提案も教師。一人二役。

第2回学級会
議題「くつ箱と棚」
新学期、くつ箱や棚はどこを使ったらいいのか、提案します。

第3回学級会
議題「給食当番」
出席番号順に10人ひとグループを提案します。

第4回学級会
議題「係り活動」
生活班で係りを受け持つことを提案します。

第5回学級会
議題「掃除場所も班」
掃除場所も班で受け持つことを提案し、選んでもらいます。

第6回学級会
議題「今週の遊び」
遊び係りからの提案です。ここではじめて司会を学級委員長がします。

③ 教室に話し合いの歴史がいっぱい！

こうやって話し合っていきました。特に最初の週は、話し合うことがいっぱいです。学級会はすぐに一〇回を超えました。五月の終わりのことです。給食時間、十兵衛があわててやってきました。

「先生、大変や。隣のクラスの小野ちゃんのデザートがねえ」

「一組の先生はどうしているん？」

「気がつかんで、給食食べてる」

「困ったなあ」

ぼくが腕組みをしました。

「一組は自然状態なんや。自分の力で生きていかないけん」

「じゃあ、うちの組は？」

「うちのクラスには、民主主義がある」

と、教室に掲示している学級会の歴史を指さしました。話し合ったことを短冊に記録し掲示します。教室は、話し合った歴史でいっぱいに。

民主主義があふれてるー、そんな感じです。

④ 話し合いは発展・変化するの？

もちろん発展します。でも四つの見通しが必要です。

はじめは、何でもみんなで話し合って決めよう。困ったこと、やりたいことがあったら、何でも話に来てください。

こう呼びかけて、学級会をくり返します。続けていると、「誕生日会がしたい」と、十兵衛が言い出しました。思いついて、提案することを発議といいます。

いいね。でもどんなふうにするつもり？　なるほど、そういう会にしたいんだね。みんなの前で提案できるかな。

最初は、特にていねいに受け止め、一緒に提案します。学級会を開き話し合うことで、自分のやりたいことが実現するんだ、と子どもも感じるはずです。すると、六月になって十兵衛が、「水泳リレー大会がしたい」と言い出しました。そこで、「すごいなあ、やりたいことがいっぱいあるんだね」とほめながら、次のステップへ。

きみと同じように、水泳リレー大会をしたいと思っている人はいるのかな。同じ考えの人を、あと二人連れてきてよ。

と、肩に手をあてます。十兵衛は、すぐに「水泳リレー大会、おもしろそうだと思わん?」と、ミケちゃんに誘いかけました。聞いていた村上くんも「やりてえ!」と叫びました。そして、十兵衛は得意げな顔をして二人を連れてきました。人に働きかけ、組織することの大切さと楽しさを教えます。夢を実現するには、まわりの人の賛成が必要です。何度かこんな調子で対話しながら、

すごいなあ、同じ考えなんだ。じゃあ、画用紙に水泳リレー大会の仕方をわかりやすく書いてくれないか。原案っていうんだ。短くていいから。

今度は夢を形にしてもらいます。たとえ二行でも、三行でもかまいません。二学期になると、画用紙の原案は模造紙に、三学期には印刷プリントに変わり、原案の量と質が発展します。話し合いの変化は、提案の仕方と原案の内容に表れ、誰でも提案者になれます。

教室は国会です。子どもたちは市民です。そしてぼくたちは、やっぱり公務員。市民の役に立つように、ひと工夫していきましょう。

（丹野　清彦）

その2
いつでも話し合う

いつでも話し合う？
思ってなくても
そんな場面がやって来る。
もめごと、トラブル、学級の問題。
私はみんなのしあわせを願っている。
いつでも話し合い、
解決したい。
だけど、いつ話し合ったらいいんでしょう。

((((いつでも？4つのステップ))))

❶そのとき

❷朝の会、帰りの会

❸時期を待つ

❹特別活動の時間

① いつでも話し合うって、本当ですか？

もちろん本当です。でも、いつでも話し合うということは、授業の予定を変えることになります。

みなさん、聞いてください。大事な国語の時間なんですが、仲村くんがどうしても話し合ってほしいことがあるそうです。一〇分だけいただけませんか。

子どもたちの了解をもらい、学級会を開きます。

仲村くん、どうぞ前に来てあなたの提案を言ってください。勇気ある仲村くん、どうぞ！

自然と拍手が起こります。子どもが、話し合ってほしいと要求してくることは、おもに次の五つです。

①〇〇会をしたい　②班を変えたい　③ケンカをした　④いやなことをされた　⑤児童会の議題

ケンカやもめごとは、事情を整理して聞かなければなりません。一〇分で終わらないこともあります。

しかし、「あとは、関係者で話し合おう」と言って終わります。

みんなのおかげで仲村くんがすっきりしました。仲村くん、みんなにひとことどうぞ

声をかけます。そして、授業に戻ります。なんでもその時、すぐに話し合うのですが、だからといって一時間中話し合うわけではありません。子どもの要求を受け、取り上げます。ですが、同時に授業を大切にしていることも示します。

② 少しずつ、準備期間をつくる

はじめは、すぐに取り上げ話し合いました。しかし、このままでは、自治の力、自分たちで解決する力が育ちません。今度は、こちらから注文を出し、準備期間をつくります。

注文を出されると何かをしたいという気持ちが強

①○○会をしたい

注文→どんな会をしたいのか、仕方をこの紙に書いてみてね

②班を変えたい

注文→みんなが賛成しているのか、人数を教えてください

③遊びでもめた

注文→相手にやめてほしいことを３つ、帰りの会で言えるかい？

④児童会の議題

注文→黒板に話し合うことを書いて準備できるかな

くなり、思いつきは、実現したい要求へ変わります。話し合うということは、要求を実現することです。

③ 話し合うコーナーをつくる

そのうち、朝の会や帰りの会に、「みんなから」のコーナーを設けます。

姫子さんが、中休みに「隣の席の大吉くんが、授業中にブツブツ言って困ります」と言ってきました。

そこで、

「帰りの会の〝みんなから〟で、そう言ってみたらどうだろう」

ぼくが答えました。彼女は、「ああ、そのためにあったの」、大きくうなずいて戻りました。

その日の帰りの会で、姫子から言われた大吉は、「わかりました」と小さく答えました。この後しばらくは、毎日三人ほど、困ったことが発言され、「すみません」と、あやまる場面が続きます。でも、このままだと、帰りの会は、あやまりタイムになってしまいます。困ったことに目を向け解決するということは、よくなったことを出し合い認めるということです。大吉のことから二週間くらいして、姫子の隣に座りました。

「大吉くん、ブツブツ一人ごとは、減りましたか?」

ぼくの言葉に、姫子が「ええ、まあ」。

「だったら、帰りの会でほめてもらえませんか」

またまた、姫子は帰りの会で発言しました。

④ いつでも話し合うも発展するの？

姫子は、琴を習っていました。

「先生、みなさんに琴を触らせてあげたいんです」

ちょっと得意げに話しました。これは提案です。じっくり聞くと、

「麻衣さんはバイオリンを習っているから、二人で琴とバイオリンのコンサートをしたい」

と、はっきりした形になりました。


コンサートか。楽しそうだね。次の学級会の時間まで待てますか。

学級会の時間、そう特別活動の時間です。その時に話し合うことにしました。この準備する期間というのが大切です。あたためる時間です。仲良しと相談する。それを聞きつけた人たちがやってきて、話し合いがひそかにはじまります。静かなブームが起こります。コンサートが終わったあと、姫子が、

「大吉くん、また元に戻った。進歩と努力がない。班がえしたい」

と、嘆きました。今度は大吉を呼んで、姫子が学級会で言い出すことを予告し、対策をたてました。

一週間後、姫子がついに手をあげました。その時がやってきたのです。大吉は、おもしろくなさそうな顔をして
「すみません」

とあやまりました。すると、小田原ちゃんが、

「大吉は、母さんと二人暮らしで、その母さんも夜七時過ぎんと、帰らんのぞ。それでブツブツ言う癖がついたんや。ふざけたら悪りいんか」

怒りました。立っていた大吉が、

「ぼくは一二年間、ずっと家で一人でした。ぼくには、ブツブツ言う自由もないんですか」

と、しぼるように声を出しました。


はじめは、言いたいことをどんどん言うムードをつくります。しかし、相手にも、要求や言い分はあります。提案する側も提案を受け取る方にも、内側に要求があるはずです。話し合うとは、それを出し合うことです。

大吉も黙っていることはありません。「精いっぱい言い返せ」、これがぼくのアドバイスでした。

（丹野　清彦）

Q 一年生で話し合い？

み　一年生で学級会？　話し合いってできんよね。
ま　できない。なんか大がかりなイメージがする。
み　だから学級会開いて話し合いしましょうとか言ったらおっくうになる。
ま　できる気がしない～（笑）　しかもさ、いざ場を改めて話し合いしましょうってなると、何も話し合わんくない？
み　普通におしゃべりだったら、めっちゃ話すのにね（笑）　話し合いって改まった場ではないけど、なんだかんだいろんな話し合いしてるかも？
ま　してるっちゃしてるかも。みくさん、どんな時にしてるの？
み　クラスで困ったことがあった時とか？　みんなどう思うー？　みたいな？
ま　うんうん。でも話し合いに入るのかな？　教えてくださーいっ！

（沖縄県・濱田　愛美　高山　未来）

なんでも聞いちゃおう！ Q&A

A　一年生の学級会。考えただけでしんどそうですね。話が、あっちいったりこっちいったり……ザワザワと。でも「みんなで決めたこと」って大切ですよね。国民主権者としての第一歩。そうですね。やはり基本は「楽

しいこと」を話し合いましょうよ。例えば「花丸パーティー何をする。最後は、みんなの多数決で決定するから」と約束をして話し合いましょう。まずは、入門期は先生が選択肢を提示します。

①ドッジボール　②班からの出し物　③ケイドロ　④その他

って具合にね。その他は、希望を言ってもらって、特別枠として一こだけ④番目に加えます。するとテンション上がりますよ。やっぱり困ったことより、楽しいことがいいよ。

ま●あぁ〜！　でーじすごい‼　めっちゃすごーい‼　選択肢とか出してあげたらまとまりそうだね。でも花丸パーティーって何かな？

み●２年生もった時に、お楽しみ会のゲーム何をするかを多数決で決めたわけさ。でもそれ以外でどんなのがあるかわからない。

ま●私も。子どもたちってどんな話し合いで盛り上がるんだろうね。私たちが小学校の頃、学級会で盛り上がった記憶がないかも（笑）みんなで決めたくなる、楽しくなることってなんだろうね？

み●やっぱり子どもたちの興味のある内容だよ。いけないことが起きて解決する話し合いだけじゃなくて、楽しいことを企画するための話し合いにしたいなあ。

ま●あっ、なんかやれる気、してきた。あっ！　やれそう！

ま●もう、ページいっぱいだってさ。わかった。なんくるないさー。

（Ⓐ泉　克史）

その3

はじめての話し合い
学級憲法をつくろう

日本にどんな憲法があるか知ってる？
え～？　知らない！　どうして？
だって、多すぎるもん。
なるほど。ということは、学級の憲法、
いくつぐらいあったらいいか、
わかるでしょ。
これから、つくり方を教えるよ。

憲法をつくる４つのステップ

❶相談する

❷教室に掲示

❸憲法が増える

❹卒業する

① どんな調子ではじめるの？

新学期、新しい学級がスタートしました。席が決まり班もできました。荷物を置くところや掃除場所も給食当番も決まり、落ち着きました。そこで、いよいよ本格的な話し合いです。

みなさん、新しい学級をみんなの希望でつくっていきたい。そして、誰もが学校に来たい、楽しいというような学級をつくりたい。そこで、こんな学級にしよう、こんなことはしないで！　という要望を学級のルール、憲法にしましょう。

ちょっとだけ、熱を込めて語ります。十兵衛が、「憲法か……」と、つぶやきました。表現は学級のルールでもいいと思います。でも、ここで憲法にしたのは、教室は小さな国、学級のルールは憲法だからです。私たちの身近にも憲法は存在していることを、子どもたちに知らせたいのです。さて、はじめての本格的な話し合いです。まず個人で考えを紙に書いてもらいます。そして、次のどちらかを選びます。

①一人ひとりに書いたことを発言してもらう
②班ごとに発表してもらう

② 教室の全面に憲法を

ぼくは、五年生を受け持っていたので、班で話し合い発表してもらいました。いつも個人ではなく、人と関わることを意識しているからです。十兵衛の班は、

「たたいたり、けったりしないでほしい」

と、言いました。カメちゃんの班は、

「ばかとか、あほとかいやなことを言わんでくれ」

と、明るく発言しました。同じような発言が続きます。しかし六班が、

「仲間はずれにしないでください」

と、言いました。その瞬間に、シーンとしました。

（ああ、仲間はずれもあったのか）ぼくは思いました。

第１条　暴力をやめよう
第２条　ことばの暴力もやめよう
第３条　ひとりぼっちをなくそう！

１条から子どもの言葉で具体的に書き掲示します

これが、できあがった学級憲法です。右下の憲法は、トトロ憲法と呼んでいます。キャラクターのやさしさも加わり人気です。その隣は、大仏憲法と呼んでいます。なんでも許されそうな気がしますね。下は、ガジュマル憲法です。沖縄の木を使いました。

3 つくったらどうなるの

学級の憲法が第三条までできました。次の週に、学級で遊ぶ日をつくりました。毎週木曜日です。ここまでは、すんなり進みました。でも、何をして遊ぶのか、なかなか決まりません。男子が「ドッジボールがしたい」と希望し、女子が「おにごっこがいい」と、言いました。遊び係りが、「どうしよう」と言いながら、ぼくを見ました。ぼくは、教室の中央に歩いていき、

意見が分かれたら、どうやって決めるか、それをはっきりしましょう。

と、提案しました。子どもたちはすぐに、

「そりゃあ、多数決やろ」

と、言い出しました。そこで、学級の憲法第四条に、意見が分かれたら多数決で決める、とつけ加え、掲示しました。

ところが、六月になって体操服がかくされる事件が起きました。すぐに学級会を開きました。かくした人は、何が言いたくてそういうことをしたのだろう、と内面を想像しました。そのうえで、「人のものをかくさない」と、憲法第五条をつくりました。そして、かくされた美咲さんに、これでどうだろう、と、問いかけました。すると、美咲さんがさっと立ち上がり、

「言いたいことがあるなら、直接、口で言ってください!」

強い調子で言いました。美咲さんは、いいところに目をつけたなと思いました。ルールや憲法をつくると、「あれをしない、これをやめよう」となりがちです。そこでそれと正反対のことを同時に憲法にします。「ものをかくさないと同時に決まったことは、文句があるなら、直接言おう」、これが第六条になりました。

④ 学級の憲法も発展するの?

もう気づいたでしょう。学級の憲法は、トラブルがあるたびに増えます。どうかすると、一〇条や

二〇条になりそうです。これがクラスの現状です。しかし、こうやって話し合い、子どもたちに意識してもらうことを通して、学級生活はいい方へ進むはずです。そこで、ひと月ごとに、

学級の憲法で、もう卒業できる項目は、ないかな。

見直しを呼びかけます。すると十兵衛が、

「多数決は、わかったけん、憲法からはずそうや」

と、つぶやきました。

「そうやな、体操服もあれからかくされなくなった。卒業してもいいよ」

美咲も、十兵衛の方を見て言いました。

憲法は、今のクラスの実情を表すものです。クラスに起こっている問題を示すものです。そして、そこで暮らしている子どもたちの希望です。だから、一時は憲法が増えていきます。しかし、月の終わりに個人の頑張りや成長とともにクラスの成長を見つめる時間をとります。そして、「卒業できる憲法はないかな」と、話しかけます。

自分たちの良くなったところ、学級の成長をよろこび、憲法を減らしていきましょう。「ええっ、もし、おしゃべりを減らしたかったら、それも憲法にしていいか」って?、すべては、子どもたちが納得し賛成したらです。大人の都合でつくるのは、ただのきまり。憲法は子どもの願い、教室は子ども共和国です。


（丹野　清彦）

その4 学級会の議題はどこから

「学級会」って
どんなことをすればいいの？
わからないことばかり。
それでは、わかりやすく説明しましょう。
話し合う内容や議題、
どう発展していくのか。
一緒に考えていきましょう。

((((議題を探す４つのステップ))))

❶議題箱を置く

❷おしゃべりから

❸アンケートをとる

❹班長会で話す

① 議題はどこにあるんでしょう?

議題を探す四つのステップがあります。

ステップ① 誰でも議題が提案できるように「議題箱」を置く。ここに議題として取りあげてほしいことを書いて、入れれば大丈夫。簡単にできます。

ステップ② 何気ないおしゃべりから、子どもの要求や困っていることを聞き出す。でも、先生を信用していないと、なかなか本音を話しませんよね。だから、どうすればいいかで述べます。

ステップ③ アンケートをとる。「学級でやりたいイベントは?」とアンケートをとるといろいろな意見が出てきます。その中から議題を決める方法です。

ステップ④ 班長会で話し合う。班長会の中で、「今、学級で取り組むべきこと」を話し合って決めます。

② 子どもの要求をつかむことから

話し合いを活発にするには、子どもたちが話し合いたいと思うような議題を見つけることです。では、どうやって子どもたちのやりたいこと、話し合いたいことを見つけるか、いくつかの方法があります。

一つ目はおしゃべりです。休み時間や放課後に気軽におしゃべりをして、考えていることや求めていることを見つけ出します。低学年や中学年の子どもたちなら、自然に先生のところに集まってきて

「先生、あのね」

と話をはじめます。この時、先生は、できるだけ多くの子どもたちの話を聞いてやることが大切です。内気な子は、先生から少し離れた場所で、黙って友だちのおしゃべりを聞いていることがよくあります。そんな時は

「○○さんの話も、先生は聞かせてほしいな……」

と、声をかけるようにするといいですね。高学年の子どもになると、低学年や中学年のようにはいかなくなります。先生の周りに人垣ができて、

「先生、あのね……」

と話しかけてくる状態ができにくくなります。そんな時は、廊下を歩きながら子どもに話しかけたり、おしゃべりをしたり、仕事を頼んだりして話をするようにします。

二つ目は、アンケートです。例えば、

「お楽しみ会では、おにごっことドッジボールのどちらをやりたいですか？

その理由は?」
と、簡単に書いてもらいます。もちろん子どもの中には、
「ボールを当てられないように逃げてばかりいるので、楽しくない」「走るのが遅いので、いつも鬼ばかりになってしまう。だからいやだ」
と、いった本音も出てきます。そこから、誰もが楽しめるようにするにはどうするか、話し合いをすることにもなります。

また、おしゃべりとアンケートを組み合わせることによって、子どもたちがどんな要求をもっているかをつかむことができます。

その他にも、投書箱やおしゃべりノート、という方法もあります。

3 月に一回、個別に対話しよう

また、一か月に一回ぐらい、子ども一人ひとりと話ができると最高です。「教育相談」として位置づけられたらとても効果的です。話を聞く内容は三つです。

一つ目は、「あなたが、今頑張っていることは何ですか?」と聞くこと。すると、どの子どもも頑張っていることを話します（子どもはけっこう頑張っているんですよ）。

「授業中、できるだけ発表できるように頑張っています」

と答えたら、

「そうですね。授業中発表するのは、とても勇気がいるけど、よく頑張っていますよね。素晴らしいことです」

と、必ず共感します。すると、

「この先生は、ぼくを応援してくれるかもしれない」

という気持ちになります。自分を応援してくれる他者を「共感的他者」と言います。共感的他者が多ければ多いほど、安心して頑張ることができます。「先生は、あなたを応援しているよ」というメッセージを送ることになります。

二つ目は、「学校生活の中で、困っていること、心配なことはないですか?」と聞きます。いじめ問題をはじめ、様々なトラブルを見つけることは大切です。深刻な事態であればすぐに対応します。話を聞かないと、子どものことはわからないものです。

三つ目は「あと一か月後にまた話を聞きますが、この一か月間、どんなことを頑張りたいですか?」と聞きます。当面の見通しをもつためです。

「家庭学習を頑張りたいです」

と言ったら、

「家庭学習はとても大変ですよね。学校で六時間も勉強をして、さらに習い事、その後家庭学習ですからね。でも、くり返しの学習や復習も大切ですよね。あなたなら大丈夫、先生も応援していますよ」

と話します。こんなことが月に一回できたら、先生と子どもの関係は、見違えるように良くなります。

④ 学級会も発展・変化するの？

学級会は発展していきます。はじめは、先生と子どもたちが話し合って、イベントに取り組んだり、目標を達成したりします。先生がリードして子どもたちに話し合いの仕方や原案の作り方を教えているといえるでしょう。とても大切なことです。その積み重ねが大事です。

すると、子どもたちは話し合いの仕方がわかり、イベントを重ねる中で、学級会も変化していきます。子どもたちの中から「こんなことに取り組もう」と、自分たちの生活をよりよく、より楽しく、より安全に過ごすことができるような提案がなされていくようになります。

「五年のまとめの学習運動をしよう」「きれいな教室にして気持ちよく過ごそう」「卒業記念イベントを成功させよう」

子どもたちが、学校を楽しくすることを見つけ、それを提案するのです。そうすると、学級の問題にも自主的に取り組めるようになってきます。何か問題があったら、すぐに話し合うようになります。そうなったらいいですね。

（古関　勝則）

Q 発表大会で終わらせないためには？

こんにちは。旭川で小学校の先生になって五年目になります。私、大学時代に、ボランティアでカンボジアに行きました。民主主義って大事だと思いました。それでちょっと自分が変わりました。学校が楽しいって思わせたいんです。子どもたちは、何をやってもやる気満々で楽しそう。ほっとします。毎日わけのわからないことだらけで、ちっこい宇宙人な子どもたちですが、それが本当にめんこいです。

でも、話し合いを班でさせても、意見を言うことで満足して、相手の話を聞こうとしません。話し合いを単なる発表大会に終わらせないためにはどうしたらよいのでしょうか。

（北海道・山崎　阿佐美）

なんでも聞いちゃおう！ Q & A

A 発表会でも十分いいと思います。それはぼくが、小さい時自分の思っていることを言えなかったからです。胸の中では思っていても、声にならない。高校の時も今だって、職場ではそうです。だからわがままに生きたいなって、いつもあこがれています。あなたはわがままに生きているっていう人もいるけど、そういう子ども時代があったからです。何よりも大事なのは、言いたいことを表現できること。発表大会を飽きる

ほどさせて、「もう気がすんだ?」て、聞いてください。

山●まずはたくさん話をして、表現させることが大事なんですね。発表大会でもいいって聞いて楽になりました。低学年だといっぱい話をしてくれますが、高学年になればなるほど、話すのが苦手な子や、話そうとしない子が出てきてしまって、どうしたらいいのか困ってしまいます。班の中の人間関係も話し合いに大きく影響してしまいます。気軽に話し合う雰囲気をつくるために、子どもたちにかけてあげたらいい言葉やほめ方など、教師の働きかけとしてどんなことが大切か、教えてください。

A 話しやすくするために、全体で話し合う前に班の時間をとります。あるいは、同じ考えのグループや仲良しグループで話せば、気軽に言えそう。それと「お金と時間とどっちが大切」など、討論ごっこをして練習しました。子どもが発言すると「すごいなあ」「なるほど」「そういう考えもあったのか」と、驚きの声を短くあげるようにしています。おとなしい子が発言すると、「ぼくもそう思う」と、つぶやく役を子どもに頼んでいます。学級会を支えているのは事前の準備です。討論ごっこだと思って続けてみたらどうですか?

山●何ができるかわかりませんが、とにかく試してみます。

(A 丹野 清彦)

その5

原案を書いて話し合おう

原案って何ですか？
ええ？　原案を知らないの。
書いたことないもん！
うわー信じられない。
簡単にいえば計画表、
プログラム、招待状かな。
思うように書いてみて、それが原案になる。

原案を書く４つのステップ

❶はじめは教師

❷班長と一緒に

❸班長だけで書く

❹誰でも書いて提案者に

① 原案って何なの？

原案とは、会議のはじめに出される案のこと。

子どもにとって学校は、友だちと出会う所、おしゃべりする所、遊ぶ所、学ぶ所です。ですから子どもたちの中には、学校でこそやりたいことがきっとあるはずです。また、学校生活の中では、不満や悩みも生まれてきます。そうした時、要求や訴えを確かめ受け止めて、解決したり実現したりする方法が必要です。原案は、それを集団に提案し、話し合いを通して合意づくりの方法とリーダーシップを教えることができます。

② 原案にはどんなことを書くの？

私は、子どもたちが行動を起こしはじめるには、

●なぜ、何のためにやるのか（理由と目的）
●どのようにすれば実現するのか（方法・役割・予定）
●どのような世界が広がるのか（未来像）

三つのことが必要だと考えています。それを原案づくりにもいかしています。原案には、次のようなことを書きこみます。

●タイトル
お誕生会をしよう、〇〇大会をしようなど。

●学級の様子
よくなってきたところ・よくしていくところや特徴的な事実を書きましょう。

●めあて
この会をする目標です。はじめは抽象的に、だんだん具体的にします。

●日時・場所
最も関心があることです。提案する時にここがあるとその気になります。

●プログラム
プログラムまで書いていると実行する時にもめません。

●役割分担
誰が司会をするとか審判する、係りを何班が受け持つかなどです。

③ はじめて出す原案はどんなものになるの？

最初の原案は、行事・集会を中心にしたものがいいでしょう。以前に、誕生パーティーを開こうということで、子どもたちと作った原案はこのようになりました。

誕生会は、毎月あるので次第に原案は、バージョンアップしていきました。

「もうすぐ次の誕生パーティーだね。前の誕生パーティーや学級の様子はどう？」

「誕生パーティーをしてもらった人は、プレゼントがとてもうれしかったと言ってたよ」

「今回は、手作り折り紙だったけど、次はレイとかメダルもいいかも」

こんな感じです（次ページ）。

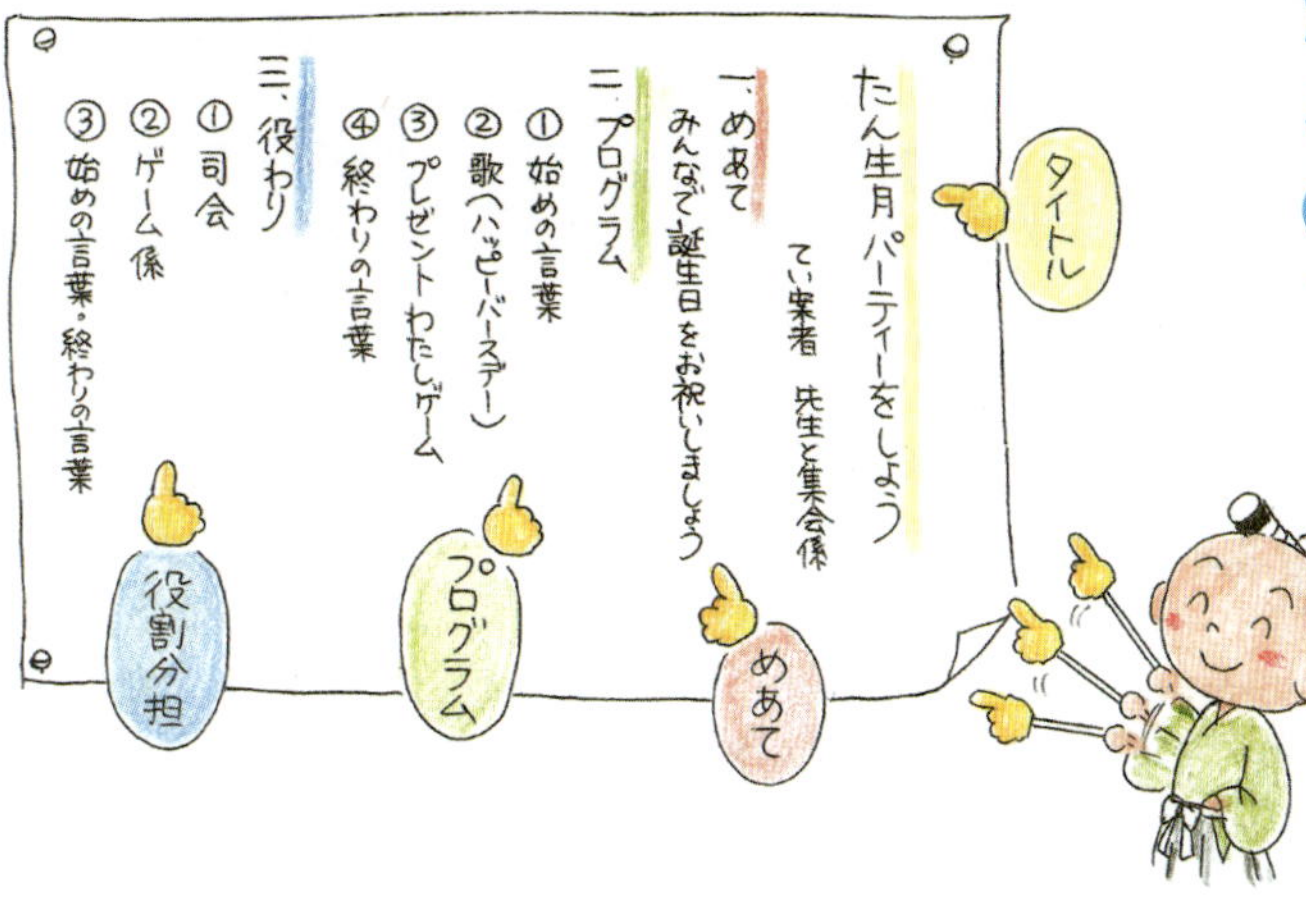

④ 原案は誰が出すの？

最初は先生、そのうち子どもたちへと、原案づくりは、図のように学級集団の高まりと共に発展していきます。はじめは先生が出します。また、原案づくりにゲーム的な要素を取り入れます。「原案づくりゲーム」と呼んでいます。

①班や学級内クラブの計画づくりを原案に見立てできあがりのよさを鑑賞する。
②原案に必要な部分を空白にして、何をそこに入れるか当てっこする。
③意見が分かれそうな部分に、二択や三択を取り入れ、どれが学級にとって最適なのか話し合う。
④子どもまたは教師の原案に、子どもが修正案を提案して話し合う。

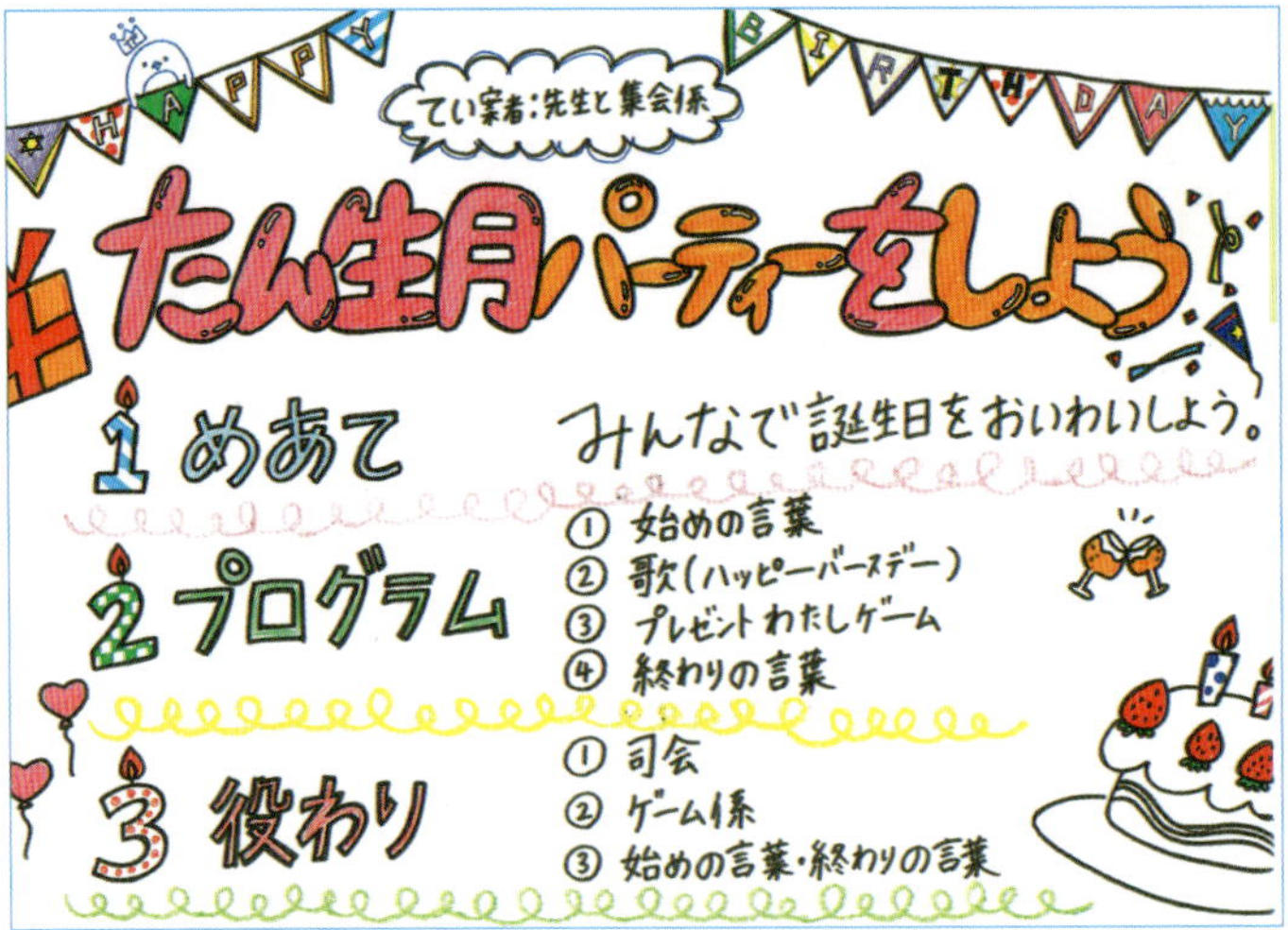

原案はこんな感じ

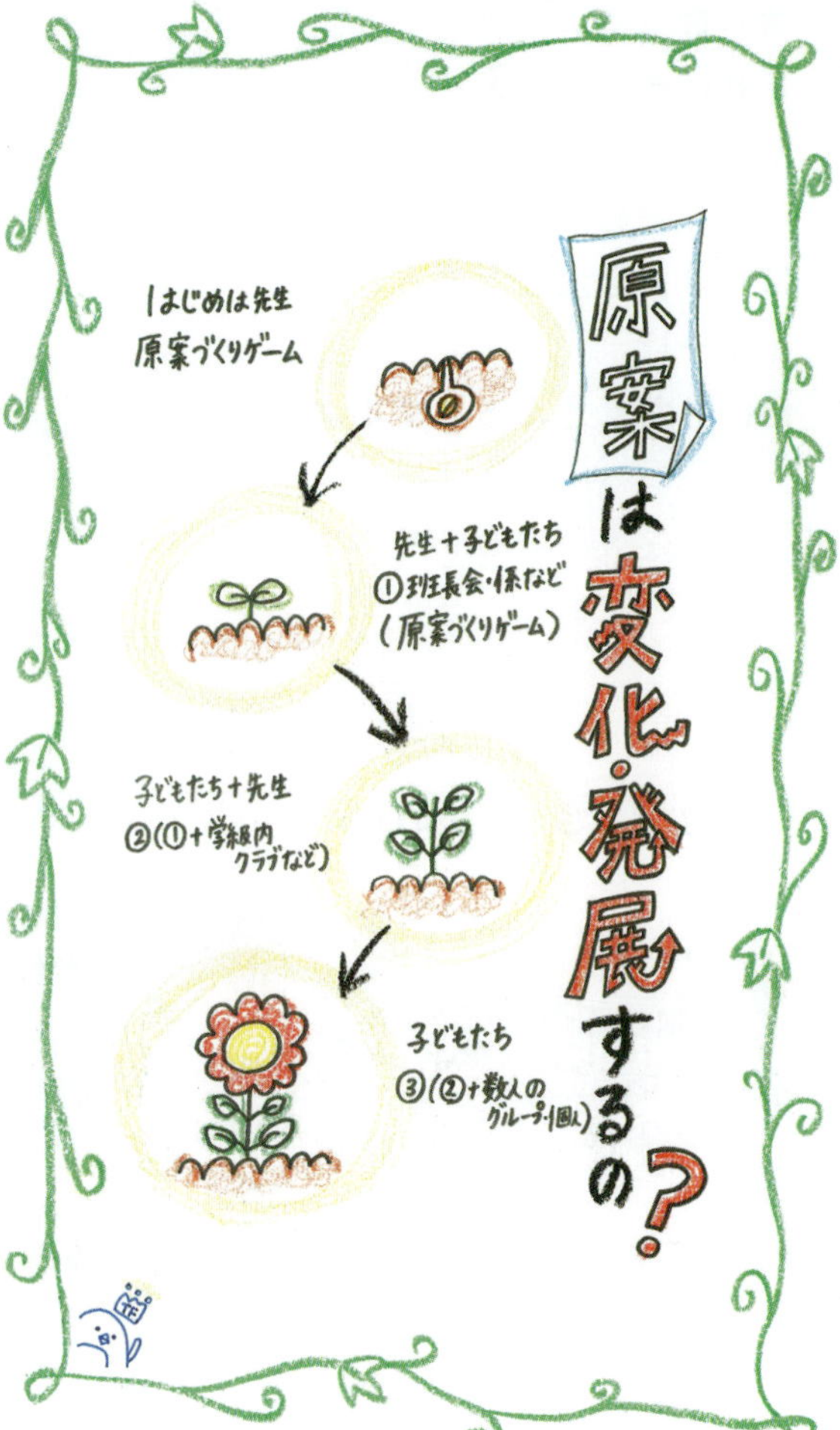

学級集団の高まりと共に
発展していく原案！

社会に出ると、企画案や議案、方針案など、何かをやろうとする時、中心となるメンバーが、必ずそれを提案しなくてはなりませんね。そのもとになるのが原案です。原案のよしあしが話し合いの質を決めます。また、原案を書いているのは誰かによって、今、集団の中で誰がリーダーシップを発揮しているのかがわかります。原案が書けるということは、生きていく設計図を描くことです。できねー！なんて言わないでくださいね。

（中村　弘之）

その6

決め方はどうする？

多数決or全員一致

話し合って決める、
これはあたりまえ。
だけど、
どんな決め方があるの？
ぼくは多数決しか知らなーい
ええー!?
他にもたくさんありますよー

話し合って決める４つのステップ

1 何をやるか決める

2 意見が分かれる

3 歩み寄る

4 組織する

① 意見が分かれたら多数決？

いいえ、決め方は多数決だけではありません。何より決めることを急がないことです。何でも話し合う。これが大事。次のような決め方があります。

個人で一票
班がえなど個人の意思で決める時に自分の意思を表示します

全員一致
みんなの意見を引き出したい時や全員で合意をつくる時

班で一票
班の中での話し合いをつくりたい時に行い、班で一票です

多数決
多数派の方に決定。その際、少数派の意見を尊重しましょうね

② もめたら一息つく

実はこんなことがありました。京子さんは、原案をすぐ書いてきました。「大丈夫、大丈夫」と、いつも自信満々の京子さん。成績優秀で運動能力も高く、活動にも意欲的です。でも、自分ができることは、みんなもできると考えてしまう傾向のある子でした。「ミュージック集会」での全員によるリコーダー演奏曲を何曲にするかということについて話し合っていた時のことでした。

京子「四曲ぐらい、家などで練習すればできるよ」

と言うと、男子の翔太・武・俊たちが猛烈に反対しました。

翔太「習い事もあるしサッカーもあるし。なあ!」

俊「遠征もあるし、休みの日だって時間がないんですけど」

京子「そんなの時間をつくってやればいいでしょ。やる気がないんだ」

武「学校で練習をすればいい」

京子「学校でやっても、みんなそろわなかったり、やらない人もいたりしてできないよ」

翔太「練習できなければ、めあての『みんながうまくなる、楽しい集会』にならない」

私は、「大事なことだから、全員一致で決めよう」と言いました。全員一致だからこそ、簡単にまとまりません。これがねらいです。そこで、京子たち提案者を呼んで対策会議を開きました。こんな時は、一息つき時間を置くのが一番です。

大事にしたいことは、決めることではありません。じっくりと話し合うことです。もめることは、自分に関係あるからもめます。もめたら二、三日時間をあけましょう。そうしたら、説明と説得が生まれ深まります。

3 意見が分かれたら、説得すること

さて三日後、話し合いを再開しました。

正一「このままでは、何もできなくなるよ」

私「でも『練習はやる』と言っていたよね。しかも学校で」

百子「そうそう、すぐ遊びに行く翔太たちが練習すると言っているんだから、これはチャンスじゃない!?」

などの意見が出ました。

京子「とりあえず学校で練習会を開くことは、受け入れるということね。(「そうだよ、そうだよ」と百子さん)」

百子「練習はいつやるの?」

私「練習会の日と時間の予定は、あなたたちが提案するのさ」

百子さんの助言もあって京子さんも納得しました。その後の学級会で学校での練習会を再提案したところ、彼らは受け入れてくれ、全員一致で決まったのです。これは彼らの条件を受け入れ修正したからです。学級会の後で京子さんは、自分だけのペースで進めていたこと、話し合いがまとまるようにする方法がわかったと言っていました。それから、各班に班長や集会係りがついて、練習会がはじまりました。予定はホワイトボードに書き、朝や放課後の練習会は大成功でした。

このように意見が分かれたら、それぞれの意見の理由を聞き合い、説得にあたります。なぜ納得できないのか、どう説得したらいいのか、それがわかることこそ、話し合いで最も大切なことだからです。決めるということは、合意をつくることです。

④ 決め方も発展するの？

特別活動の時間を使い、ゲーム大会をする時でした。どんなゲームをいくつするか出し合いました。

「五つ、全部やったらいいんじゃない？」

「今までやったことがあるけど、五つもやると、一時間じゃ終わらないよ」

「そうなるとやっぱり、三つにしぼるしかないかあ」

「ジャンケン列車は、全校集会でいつもやってるし、ジャンケンゲームは一つでいいよ」

「そうだけど、宝探しは、班のまとまりがないとできないし、新しいゲームだからおもしろそう！本当に三つに減らすの？」

多数決をとる直前に、

「今回落ちたゲームは、次にする時に優先して残すことにしたら、いいんじゃないかな」

ある子が提案しました。

私は、この考えを取り上げて、

「この意見を修正案っていうんだよ。どっちにしますか」と、子どもたちを見ました。

「それがいい。安心した」子どもたちが言いました。

何気ないつぶやきも、見方を変えれば一つの案です。修正案として取り上げ、みんなで話し合います。

この後から、提案に対して修正案が黒板に貼られるようになりました。まとめると次のようになります。

はじめ
決めることの大切さを教えるため全員一致を重視。

↓

次に
話し合いをおこすため班内で多数決。

↓

そして多数決
話し合う重要さがわかったら個人。

↓

最後は修正案
反対意見を修正案として取り上げる。

自分の修正案が、どれくらい多くの人に受け入れられるのか。きっと期待と不安でいっぱいでしょう。

そんなドラマチックな体験を子どもたちにさせてほしいと思います。

（中村　弘之）

Q 話し合いってどんなイメージですか？

新潟の山の学校で二年目を迎えています。通勤路、四階の図書室から見えるきれいな山並み……秋は毎日、紅葉を眺めることができ最高でした。

子どもたちに話し合いをさせるのは難しい、と感じています。授業中に、自分の考えを交流させる時は、話形を示して話し合いをさせてみるものの、発表して終わり……。討論、話し合いとは思えません。でも、班でクイズの答えを考えるなど、何か一つのことを決めるという場面では自然と「何で○○にすらん？」「ええー△△じゃねやん？」と、やり取りが続きます。話し合いって、どんなイメージですか。

（新潟県・長谷川 望）

A 思わず質問の文に引き込まれそうになりました。情景が浮かびますね。結論から言うと、あなたの学級には、もう話し合いの文化が生まれている！　話し合いって何のためにあるのでしょう？　少なくとも教師のためにあるのではない。子どもたちが必要を感じた時、そこに話し合いは自然に生まれます。「班でクイズを考えるなど……」こういう姿こそが話し合いです。授業中でも、子どもたちが「相談したいなあ」という問いかけをすると、「先生、相談していい？」という声が自然と聞こえてきます。話し合いって、子どもたちが必要だと思ったらはじまる。そう思いましょう。

長●ありがとうございます。授業中も子どもたちが相談したいな、必要と思うような問いかけをこちらからしていくことが大切ですね。低学年のうちは、今のように様々な場面で「ああでもない、こうでもない」とお互いに会話をする経験を積むことが大切、と考えていいのでしょうか。でも、班によってはうまくおり合いがつけられず、毎回言い合いになって、ケンカのようになってしまうということがあります。自分の考えが言えることは大事なことだと思うのですが、こういう班にはどのような声かけをしたらいいのでしょう。

Ⓐああでもない、こうでもないと子どもたちが相談することをたくさん体験させたいですね。でも、いつも誰かの意見で決まるとか、ケンカになって決まらないだと、子どもたちは話し合いがいやになってしまいます。そこで、簡単な話し合いのルールを決めてみてはどうでしょう。

①班長が「集まって！」と声をかけ、「今から○○を話し合います」

②班長が自分の考えを言う「私は（ぼくは）○○がいいと思います。わけは……」

③「○○くんはどうですか？」（全員の意見を聞く）

④決まったことや話したことを確認する。

うちのクラスではこれが話し合いのルールです。難しい班には教師が入って、班長さんをフォローするようにしています。

長●班長さんへのうまいフォローの仕方を、もう少し考える必要がありますね。やってみまーす！

（Ⓐ小田原　典寿）

その7

みんなで決めて、みんなで守る

ひとりは　みんなのために！
みんなは　ひとりのために。

あぁ、なんて美しいことばだろう。
だけど、ことばのウラには努力と工夫が。
はじめから、学級は一つじゃない。

決めて守る４つのステップ

❶大事なことはみんなで

❷でも、まとまらない

❸もう一度話し合う

❹そして成功！

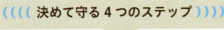

① みんなで決めることの大切さ

「集団遊び大会をしてもっと仲良しになろう」という提案があったとします。すると、学級の中には、

「えー、集団遊び」

という子どもや、

「ドッジボール大会の方がいいのになあ」

「集団遊びだったらステレオゲームがいいな」

と、いろいろな意見が出てきます。


自分は、いやだからやらないでは、学級としてのまとまりも、前進ものぞめません。力のある子どものひと声で決まったり、仲良しグループが、数の力を生かして決めてしまうことも、いやですよね。みんなで話し合って、一番良い内容で決まることは、とても大切ですね。

そのために、どれが一番仲良くなれるか、楽しいクラスになれるかを話し合い、決めなければなりません。みんなで決めることは、みんなで賛成したのだから、何とか頑張ろうということなのです。

2 だけど、うまくいかない

次の文は、集団遊び大会の提案理由です。

5年2組は、みんなで力を合わせて頑張ることが増えてきました。学校花壇には大根の種をまき、面倒を見、奉仕作業の時は道具の準備等を全員でやりました。トラブルも減ってきました。また5年2組はだんだんけじめのある楽しい学級になってきました。でもまだ親しくない人がいたり、友だちの良さに気づかない人もいます。そこで集団遊び大会をやって、友だちの良さをたくさん見つけ、楽しい学級にしたいと思いました。先日行った「風船バレーボール大会」でチームを出席番号順にしたり、ローテーションルールを決めたりして、とても楽しい時間になりました。そこで、もっと安心できて仲良しになるように「集団遊び大会」をやりたいと思います。

この提案理由について話し合った後、二つのことで意見が対立しました。
一つはチームをどうするか、もう一つは勝ち負けを決めるか。いろいろな意見が出て、よしやろうと、すんなりとはいきません。せっかく楽しい会をするのだから、みんな簡単に賛成してくれ、そう思う時もあります。でも、楽しい会をするからこそ、ぼくの意見も入れてくれと、子どもたちも思います。

話し合いが盛り上がりすぎて、まとまりません。こんな時、必ず提案理由に戻るようにします。そして、「また話し合おう」と時間をおきます。

③ もう一度話し合うことに

「チームは、出席番号は前回やったので、別の方法がいいと思います」

「出席番号の順番を変えて、偶数・奇数でやったり、倍数でやるといいんじゃないですか?」

「友だちの良さを見つけるためなので、偶然性のあるほうがおもしろいと思います」

提案理由に戻ることで、出席番号の順番を変えてチームをつくることが決まりました。

勝ち負けを決めることについては、もめました。

「やっぱり勝つとうれしいから、勝ち負けを決めた方がいいと思います」

「でも、風船バレーボール大会の時のように、みんなにパスをして相手に返すということでやったら、みんな楽しくできたので、勝ち負けにはこだわらない方がいいと思います」

「勝ち負けがつくと、ワクワクして、勝つとやったあというよろこびがあるので、勝ち負けをつけた方がいいと思います。それに、団結力がつきます」

「でも提案理由にあるように、安心できて仲良しになるためには、勝ち負けでなく、楽しさが大切だと思います」

結局、仲良くできるように勝ち負けは決めないことに決まりました。いろいろな意見が出ましたが、「友だちの良さに気づく」「安心できて楽しい」「仲良しになる」ことが、ねらいであると子どもが意見を出し、「勝ち負けに目がいくと楽しくなくなる」と、苦い経験も出てきました。チームと勝ち負けについて、時間をかけてみんなで決めました。みんな納得したようでした。たとえ一度決めても、取り組みの中で課題が見え、もめごとが起こることがあります。そういう時、

時間をかけ、もう一度話し合うことが大切です。その時は、前より深い話し合いができます。

④ 学級会のあとで

話し合ったことをいつでも確認できるようにしておくことが大切です。模造紙に、提案理由や決まったことなどを書いて、掲示しておくことで、一つひとつ確認することができます。

「えー、めんどうだ!」

と思われるかもしれませんが、くり返すうちに慣れてきます。そして、決められたとおり実行できたら、教師が高く評価しましょう。

「大人だって、話し合って決めたことが守られないということがたくさんあります。みなさんは、決まったことをいつでも見られるようにして、確認しながら実行できました。すてきな学級になってきていますよ」

ところでこの取り組みはどうなったかって？　みんなで楽しいことを言うことで、「ステレオゲーム」と「ファッションショー」をやることに決まりました。「ファッションショー」は次のようにやりますが、とても楽しいですよ。

ファッションショーの原案

1　グループごとに、どんなモデルにするか、衣装をどうするか、モデルを誰にするか話し合って決めます。（五分から一〇分）
2　新聞紙一日分とセロハンテープだけで、衣装や帽子、靴、バッグなど好きなものを作り、モデルに着用させます。（二〇分ぐらい）
3　何を作ったか、どこを工夫したか、アピールします。
4　みんなで拍手をおくり、記念撮影をします。

とっても楽しい時間でした。みんなで話し合って決めると、学級がまとまって、より楽しくなっていきます。

（古関　勝則）

その8

困った！いじめ発見 みんなで討論

えっ？　いじめを討論？
みんなで討論したら、
いじめられている子は、大丈夫？
じゃあ、関係者だけで解決できる？

あなたは当事者か、脇役か。それとも傍観者か。
世界を変えるために、
勇気をもって立ち上がろう。

みんなで討論 4つのステップ

❶当事者同士

❷班長など第三者

❸互いの班長に

❹学級全体

●多数決じゃんけん：熱弁をふるっても、やっぱり少数派。多数決では負けてしまうけど、意見にはこだわりが…。そんな時にこれ。一人でも30人に勝ち続ければ意見を実現できます。

①いじめが起きた

いじめやもめごとは、いやなことですが、どこにでも起こるおそれがあります。しかし、子どもたちの話し合いなしでは解決できません。ではその話し合いとは、どんなことなのか。私は下の四つの話し合いが、必要だと思います。

①教師が立ち会う
教師は前向きな話し合いになるように司会をします

②子ども同士で
けんかの解決は教師が入らない方が話しやすい場合も……

③班長や班長会と
トラブルが他に影響を与えている時は第三者の意見も……

④学級全体で
みんなで出来事を見つめ、これからの生活にいかすために……

②学級会を開くことにしました

いじめは子どもたちだけでは解決が難しいものです。なぜなら、いじめを受けている立場の子が自分の思いや状況を伝えられなかったり、いじめている側の子が教室でリーダー的な立場の子だったり…。

大切なことは、まずいじめられている子を守ること。そして、なぜいじめるのか、いじめる子の背景を探っていきます。

六年生のミナミは五年生からマリと仲良しで、マリは学級で目立つ存在でした。ミナミとマリはいつでも一緒。六年生になると、この二人にアキが加わります。すると、ちょっとしたきっかけでミナミが孤立しがちに…。

一人でいるミナミに、「最近元気ないね」と話しかけるショウコとユリとユキ。ミナミは胸の内をこの三人に話します。それはやがてマリとアキの悪口に。ところが、ミナミの話を聞いていたユリとユキがマリに悪口の内容を報告。マリとアキは激怒して、チャットで大げんか。大騒動になりました。翌日、七人の女子全員を集めて話し合い。お互いに言い過ぎたことや、やり過ぎたことを謝り、涙を流しながら給食を食べて一応の解決。でも、心のわだかまりは消えていなかったのです。

夏休みが終わってもミナミは一人になりがちで、私は、ミナミと一緒に話したり、遊んだりしながら、マリやショウコとも対話をくり返しました。

そんなある日の休み時間。

私「ミナミさん。一人でさみしそうだね」

マリ「うん」

私「でも、マリさんはミナミさんと、もう話すことはできないんでしょ」

マリ「普通の話ならできるよ。でも、放課後とかは…」

私「心にひっかかっているものは何？」
マリ「…。もう一度ちゃんと話し合いたい。何だか、よくわからなくなってきた」
実は、この頃、ミナミも「どうしてこんなふうになっちゃったんだろう」と話していました。お互いに、確認したいことや言いたいこと、謝りたいことがあるけど、話のきっかけがつかめないんだと感じました。

相手を傷つけない言葉で思いを伝え合えるようになってほしい。

教室には、他にも、伝えたいことがあるのに、伝えることができずに、暴力や無視という行動でしか思いを表せない子どもたちがいました。そんな子どもたちにも、ミナミやマリのトラブルを見つめることで、「相手を傷つけない言葉で思いを伝え合うこと」を考え、自分自身も見つめてほしいと思いました。

③ みんなで話し合う前に、まず個別に

特別教室に七人の女子を集めました。

話の導入は、パペットをつかった再現劇です。たくさんの人形が登場しますので、女子たちは笑顔でトラブルの経過や自分たちの状況を振り返っていました。パペット劇が終わると、

マリ「先生がやっていること（パペット劇）はあってる」

ショウコ「そこで、ユリとユキが裏切ったというか…」

ユリ「裏切ったとかじゃなくて、言うかどうか迷ったけど…」

女子たちは、思っていたことをぶつけはじめます。疑問に思っていたことや納得していなかったことを話していますが、穏やかな口調で、お互いを気遣って話しているようです。

マリ「先生がいると話しづらいので、少し出ていてくれませんか」

ていねいな言葉で話し合っている教室から追い出されてしまいます。あとで、どういう話し合いがされたか話してもらうことにして、この場は子どもたちに任せます。彼女たちは心にひっかかっていた疑問を解決し、これからどうしていくのかも話し合っているようでした。時間をおいて、私が教室に戻ると、みんな笑顔です。

私「どうでした?」

ショウコ「だいたい解決しました」

私「これからのことも話した?」

マリ「うん。今すぐに仲直りできるわけではないけど、無視しないで少しずつ話すようにしようって」

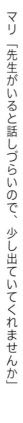

私「そうですか。ねえ、あなたたちが勇気を出して話し合ったこと、劇で学級のみんなに伝えたいんだけどいい？」
女子「…」
私「名前は出しません。学級でこんなことがあって、勇気を出して話し合った人たちがいるよって知らせたいんです。みんなにも、相手を傷つけない言葉で、しっかりと思いを伝え合ってほしいから。いいですか？」
女子「…はい」
ミナミが一人で抱え込んでいた苦悩は、七人の女子が共有する問題になりました。この問題を、今度は学級で共有していきます。今回の出来事を一部のトラブルにせず、公開し暴力や無視ではなく、言葉で伝えることの大切さを考える機会にしたいと考えました。

④ そして話し合い　合意したことは

学級会で私から議題を提出しました。
私「今日はみんなに考えてほしいことがあります。話してもいいですか」
学級委員「はい」

私「実はこんなことがありました」
私は出来事の経過や状況を説明するためにパペット劇をします。見ている子どもたちは、笑いながら聞いていています。そして、子どもたちに尋ねました。
私「どう思う?」
子どもたち「…」
私「どうした?」
コウタ「だって、本人たちがいるんだよ。言いづらいじゃん」
私「そうかぁ」
カズヤ「話がリアルすぎるでしょ」
ユカリ「よく知らないで好き勝手なこと言えないでしょ」
子どもたちからは、なかなか言葉が出てきません。今回の問題を身近な出来事として真剣に受け止めていることの表れだと感じました。
私「言いづらいよね。でも、みんなにも起こり得る出来事だよね」
レンタ「まあ」
私「だったら、どうしたらいいか考えてみてよ」
コウタ「一人でいる時に話しかければいいよ」
チハル「もう関わらないようにした方がいいんじゃない」
私「なるほどね。そういう考えもあるね。ただ、この人たちの素晴らしいところは、この後、そのままにしないで、どうしてこうなっちゃったのか、どうしたらいいのかを納得いくまで話し合ったんだよね。これって、なかなかできることじゃないんじゃないかな」

暴力や無視ではなく、相手を傷つけない言葉や態度で、思いを伝え合うこと

私「これを大切にしたいなぁって思っているのです。どうでしょう?」
子どもたち「うん…」

子どもたちの体験やトラブルから大切なものを見つめ、みんなで考えて合意を形成し、実感をともなった約束をつくっていきましょう。

いじめやトラブルはどこにでもあります。でも、それを見えなくすることではなく、しっかりと見つめ、乗り越え方を共有していくことが、いじめを許さない学級づくりにつながります。

（髙橋　孝明）

なんでも聞いちゃおう! Q&A

Q 授業の準備がたいへんです!

今働いている地域は、空港がすぐ近くにあるため、「空に一番近い街」と呼ばれています。車で走れば、日本一の石段のある美里町や通潤橋で有名な山都町にも行くことができます。

私は、今年から、非常勤として働くことにしました。それは、仕事が終わらず、いっちょん自分の時間を作れないからです。平日は、夜九時頃まで、休みの日も家で仕事をしていました。ほとんどが授業の準備です。完璧にするつもりはないのですが、準備しない時の子どものつまらなさそうな顔、理解の低さ、自分の焦りなどを考えると、準備をせずにはいられません。しかし、そのせいで自分の時間がなくなり、そのイライラから子どもに優しく接することができないことも多々。このままじゃ、この仕事を続けていけません。

(熊本県・鳥取 真衣)

A こんなに一生懸命授業の準備をしてくださる方がいらっしゃること、本当に素晴らしいです。

できそうなことをお伝えします。教材研究は、すべて学校でやること、教科書に即してやるものとは思っていませんか? 次の授業の準備も大切ですが、大きな視点で教材研究をすることも大切です。おそらくこれからの時代は、こちらの方が大切になってくると思います。それは、旅行をしたり、音楽を鑑賞したり、映画を見たり、落語を聞いたり、楽しみながら教材研究をすることです。さらに、いろいろな人と話をすることも大きな教材開発につながります。学校の先生は「社会を知らない」とよく言われます。あたっているとも言えますし、否定したい気持ちもありますよね。でも、いろいろな人と話をすると、「なるほどなあ」と思うことがたくさんあります。いろいろな人と話をすることは大切ですし、多くのことを学べますよ。

鳥●今は、非常勤講師という身分を利用して、プライベートと仕事をきっちりわけています。だって、うまくいかないことを他人の責任にして自分をほめたり、趣味をやったりしても、気持ちは軽くなったとして、明日の授業の準備が終わるわけでも、明日の授業への不安がなくなるわけでもないので。不器用なんです、私。せめてここの準備だけはしたい。こういった話し合いって、どうやって仕組んだらいいですか。ただ考えを発表して終わりにならないために、どんな準備をしたらいいですか。

A●授業については、積み重ねです。急に上達するとか、子どもが大よろこびする授業ができるとかは考えない方がいいと思います。それよりも板書をデジカメで記録しておく、感想を書いてもらう、ボイスレコーダーに吹き込んでおく、コツコツと記録しておくこと。特に子どもの感想は貴重です。教師としていい授業であったと思っても、子どもからすると「先生、話しすぎ」ととらえられ、下手な授業だと思っていたら「グループでの話し合いですごくよくわかった」と、子どもの感想とずれていることがあるものです。

鳥●自分の授業を振り返るんですね。やり始めたら、もっとしたいこと増えそうですけど。

（A 古関 勝則）

その9

どうする！ケンカ発生 個別に対話

仲のいいクラスにしたいなあ。
楽しいクラスをつくりたいなあ。
誰もがもっている願いです。
しかし、いろんな子どもが集まっているクラス、
ケンカやトラブルがつきもの。
そんな時、あなたならどう指導しますか？
トラブルこそ指導のチャンス！
背景を読みひらき、
その子の理解をクラスに広げたい！
あぁ、だけどできるんだろうか……

ケンカ発生 話し合う 4つのステップ

❶事実確認

❷守る人をつくる

❸みんなで話す

❹学級会のあとで

① 事実確認・順番に聞く

放課後、教室に四～五人の子どもたちが残っていて
「ジュンくんがキレてコウタになぐりかかった！　大変やったで!!」
との報告を受けました。ジュンはＡＤＨＤの診断を受けているクラスで一番体の小さな男の子。集中力がなくすぐにいろいろなことに興味がいってしまって勉強面は大変ですが、いつもニコニコ笑顔で、キレる場面など想像がつきません。自分の言いたいことを言えずに、何でもこらえてニコニコしているので、まわりの子どもたちから下に見られています。コウタになぐりかかったという報告に違和感を覚えました。
残っている子どもたちから事実関係の聞き取りをしました。タクト・ヒロキ・カオリらがジュンによりそって残っていました。

何があったが？　最初から順番に教えてくれん？

話はここからはじまりました。
子どもたちが口々に言おうとするのを、落ち着かせ一人ずつ、できるだけ時間の経過に沿って話し

てもらいました。

② 話し合いの準備をする

ケンカが起きたことを学級会で話し、トラブルをどう解決したらいいか、話し合いたいと思います。それは、ケンカが悪いのではなく、トラブルをどう解決したらいいのか、解決方法を学ぶためです。そこで、学級会の前に何人かを集め、準備会を私は必ず開きます。

明日の話し合いでは、みんながジュンのキレた理由を考える話し合いにしたいがね。「キレる方が悪い！」「暴力はいかん！」で終わりにするがじゃなくてね。

私「みんなに誰のどんな行動が問題なのかを聞きます。そしたらどんな意見が出ると思う？」
タクト「そりゃあ『キレたジュンがいかん！』って言うんじゃない！」
みんな「うんうん」
私「そうでねえ。みんなもそうやったもんねえ。ここで終わったら、意味がないから、どんな発言がいるの？」
カオリ「どうしてジュンがキレたのかってこと？」

ヒロキ「ええ～、あとで何か言われそう……」
タクト「おれも言うき、ヒロキ、思いきって言うちゃろうや！」
カオリ「ヒロキはオニゴのこと言いや！　ジュンの気持ちは、私が言うちゃおき！」
私「どうしても無理ならえいで。ジュンの味方になって守ってくれちゅうことは、ジュンに伝わるはずや！」
話し合う時に弱い立場の子や、内気な子の代わりの発言を準備します。これで討論になるはずです。

③ キレるにはワケがある

翌日、朝の会で昨日の事件を話題にし、時間の経過に沿って事実を黒板に書いていきました。そして私の方から、

どうしてジュンは、突然キレたんだろう？

と問いかけました。すると、昨日作戦会議をもったメンバーが発言を始めました。
ヒロキ「学校で遊ぶ時、いっつも男子の中に、オニをジュンくんに押し付けている人がいます」
タクト「ぼくが『やめちゃれや！』って言っても、怒ってどっかへ行きました」
カオリ「昨日の帰り、ジュンに『何でキレたが？』って聞いてみたら、『ぼくがアイのこと笑ったら、

急にみんなが、いいかっこして注意をしてきて、ハラがたってたまらんなった！』って言っていました」

私「ジュンは何でキレたのか？　みんなが知らなかった事実がわかってきたよね。ジュンのキレた気持ちがわかる人？」

ココロ「私は最初、キレて暴力をふるったジュンがいかんと思いよったけど、今の話でジュンがキレたのも仕方がないかなあと思いました」

ゴロウ「ぼくもジュンが悪いと思いよったけど、ジュンの気持ちはわかるなあと考えが変わりました」

ダイゴ「ジュンがキレてしまった気持ちはわかったけど、暴力はいかんかったと思います」

カオリ「私は、最初キレたジュンがいかん！　と思いよった。けど、『どうしてしたがやろう？』って考えることが、大事やなあって思いました」

④ 学級会のあとで

「人の行動には必ずワケがある」何かがあった時、良い・悪いだけで判断するんじゃなく、「どうしてあんなことしたんやろう？」って考えると、その子の見えてなかったことが見えてくるよ！

そうやって、みんなのことをわかってあげられるクラスってステキだよね。

休み時間、教卓のまわりに集まってきた作戦会議のメンバーに声をかけました。
私「ヒロキ、よく勇気出して言えたねえ。あなたの発言で話し合いの方向が変わったよ！」
ヒロキ「うん。タッくんが後から言うてくれるって言いよったき」
私「タクト、素晴らしい！　ヒロキの勇気はあなたの後押しのおかげやね」
タクト「オレもコウタに嫌われるかもしれんって思うて怖かったけど、昨日作戦会議したき、勇気出せた！　みんなぁ、ありがとう」
カオリ「ドラマやねえ」
私「ははは、本当にドラマみたいやね。でも、大事なのはここからで！　ここから何に気をつけんといかんかわかる？」
カオリ「ジュンのこと？」
私「それもはずれじゃないけど、もっと大事なことはコウタ。コウタは今日、自分のいかんかったとこをみんなの前でつきつけられた！　ここからコウタが変わろうとしゆうところをみんなでちゃんと見逃さずに認めていこうや！」

（小田原　典寿）

作戦会議をして話し合いをしたら、簡単でも総括したいものです。きちんとした会議である必要はなく、雑談でＯＫ。子どもたちの勇気をほめ、行動を意味づけすることで、自分たちで考え行動する子どもたちが育ってきます。

その10

いやだ！モノがなくなった

いやだな～
困ったよ～
人をうたがったら
うちの子を信じてないんですかと
叱られる
だけど、モノが出てこないと
やっぱり困るー！
どうしたらいいの？

((((モノがなくなった時 4つのポイント))))

1 みんなに聞く

2 とにかく探す

3 集会を開く

4 子どもたちに問いかける

① こんなことが起きたらイヤだ

放課後、封筒に入れ、職員室の机の中に入れていたはずのお金（二三〇〇円）がなくなっていることに気づきました。職員にも尋ねましたが誰も知らないといいます。かばんの中も探しましたが見つからず。机の引き出しに鍵をかけていなかったことや、出勤中、財布を出した際に落とした可能性もあったため、それ以上事を大きくできませんでした。

私の管理がよくなかったとはいえ、赴任して間もないこの出来事は、とてもつらいものでした。

机の中がさわられた

くつかくし

ものが動かされた

らくがき

❷ 探すのは、子どもが求めているもの

ある時、隣の子のふで箱を持ち出そうとする淳の姿がありました。ふと、淳の表情が気になりました。笑顔でした。とても楽しそうな表情をしていました。どうして友だちが困っている時に、そんな表情なんだ、その笑顔の理由が理解できませんでした。

もしかすると、淳は友だちと関わりたい、という思いをもっているのでは、と思えてきました。そのように淳を見ると、淳はあがいているように思えてきました。してはいけないこととわかっていても、友だちとつながるために、自分に関わってくれることを確かめているようでした。淳は親とのつながりが絶たれ施設で暮らしています。その分、教室で友だちや教師に求めていると感じました。

子どもたちの困った行動をひもといていくと、彼らの本当の要求が見えてきます。問題行動にふたをするのではなく、観察や対話を通して、彼らの本当の要求を見抜いていきましょう。そうすればきっと明日が開けます。

③ 事実から真実へ

そんな五月の下旬のこと。淳が生活している児童養護施設（園）から連絡がありました。内容は、同じ園内で生活している高校生のお金がなくなった。そして、園内を探してみると淳の部屋から謎のお金が見つかったそうです。園の職員が尋ねると、はじめは否定していたが、お金をとったことを認めた。他にもお金をとった経験はないか聞くと、始業式の日に職員室へ入り込み、机からお金をとったことも打ち明けたらしい。

放課後、担当職員が学校にやってきて、話し合いをもつと、担当職員が経緯を話している間、淳はずっと下を向いていました。「間違いはないな」と職員が聞くと、淳は小さくうなずきました。

「職員室でとったお金は誰のだったかわかる？」

と、淳に聞いてみました。淳は首を横に振りました。

「そのお金は小野先生のだったのよ」

と告げると、驚きました。

「先生は、うちの学校に赴任して、すぐにお金がなくなったから、すごくつらかった。でも、子どもを疑いたくないってずっと思っていた。まさか淳だった

なんて」

淳は再び下を向きました。

とったお金に関しては、園で仕事をし、その仕事で稼いだお金を少しずつ返してくれるという約束をしました。

帰り際に、「ごめんなさい」と、淳は頭を下げて謝ってくれました。

淳の目からぽろぽろと涙がこぼれました。はじめて見る淳の涙でした。

淳は、夏の暑い中、園の草取りや土運びを行い、五日間で、二三〇〇円分のお金を私に返しました。毎回小さな茶封筒にお金を入れて持ってきてくれていたので、職員室の私の机の上に置かれている茶封筒を見つけるたびに、淳が返してくれたお金だとすぐにわかりました。最後に茶封筒を届けてくれた日は、筋肉痛のために体中が痛いことを話してくれました。園の職員の話によると、毎回二時間以上の肉体労働だったが、弱音を吐かずに黙々と仕事をしていたそうです。

「お金を稼ぐっち、大変なことなんやな」。淳の言葉に、幼い頃から万引きをくり返していた彼の姿が重なりました。

淳にとって、今回の出来事は、変わるチャンスになります。いやな出来事が、変わるチャンスに。どこにきっかけが転がっているかわかりません。あきらめないことです。

④ 解決の仕方も発展・変化するの？

「先生、またおかずとご飯がこんなに残っちょんわ」

クラスの課題の一つに給食の残りが多いというものがありました。そこで、クラスで完食を目指して取り組むことにしました。「完食戦隊6レンジャー」と命名された給食係りの中に淳がいました。淳は給食が大好きで、普段からおかずもお米も大盛りをペロリと食べていました。淳が給食係りを選んだのも、納得できます。

はじめて一〇回完食できた時、みんなよろこびました。宿題が減るご褒美ももらえ、充実感を得ていました。しかし、淳は普段、特別支援学級から出る宿題をするため、クラスの宿題はしないことになっています。淳にとってご褒美はないに等しかったのです。放課後、淳に聞いてみました。

「完食できたのは淳のおかげやわぁ。ありがとうな。でも、クラスの宿題が減るだけだから淳にはご褒美の意味がないんよな」

「そうやけど…。みんな宿題が減るとよろこぶやん。おれはそれがうれしいんで」

私は正直驚きました。淳は別の形でご褒美を要求してくると思っていたか

らです。
次の日、淳のこの言葉を、淳が特別支援学級に行っている間にクラスのみんなに伝えました。淳から「はずかしいけん、おれがおる前で言わんで」と口止めされていたからです。みんなは、淳の温かい言葉を聞いて静まり返っていました。何かがふと、みんなの心に落ちたことが空気を通して伝わりました。

その時、問題を解決する意味がわかりました。誰がやったのか、犯人探しと善悪では、解決しません。相手は人間なのです。それも子ども。問題を解決するとは、子どもの実現したい要求を言葉にし、語り合う人や場所をつくることです。すべての要求が実現するのは難しいものです。しかし、同じ悩みを抱え、要求している仲間がいることを知るだけでも、彼らの要求は、満たされていくはずです。

（小野　晃寛）

第2章

やってみよう！

実践編

1 低学年

ハル一番の風がふく

風野　みさき

1 ハルがやってきた

日高町にも遅い春がやってこようとしていた。ここはスキー場から走って五分。その手前に雪解けの水が流れる沙流川《さる》。四月といっても、雪が残りコートは手放せない。子どもたちは、新学期を待っていた。二年生が一人、三年生が二人の複式学級。始業式の朝、あいさんを先頭にドタドタとやってきた。

「担任の先生は誰ですか？」

そのなかに、引きつぎで聞いていたハルさんだけいない。

「今は、教えられないよ」

答えると、ヒントを得ようとキョロキョロ見回し、職員室中の先生たち

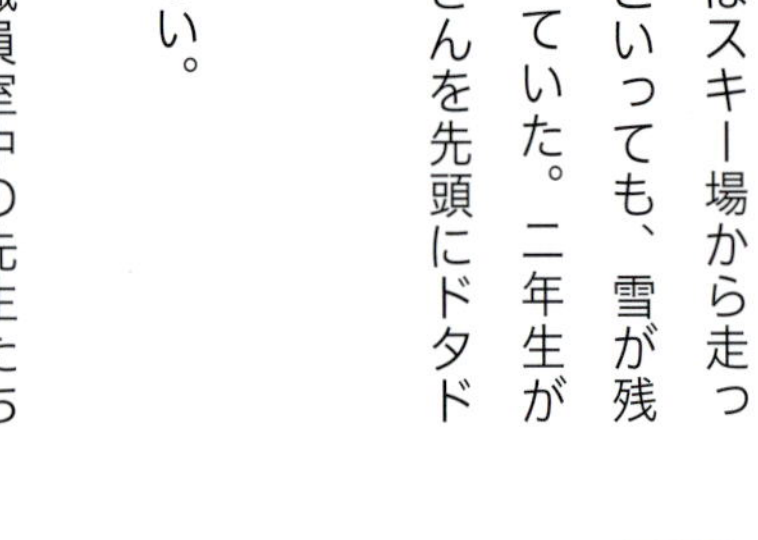

に「おはようございます」と、愛想を振りまいて行進した。

始業式が終わるとハルさんは、

「よろしく願いします」

と、握手を求めてきた。ちょっとうれしい。ハルは、小柄な二年生の男子で、落ち着きがなく、まわりとトラブルをよく起こしたという。

「みんなは、今年から一緒の学級になりました。どんなことをしたいですか？　みんながやりたいことを一緒にやっていける、提案できる楽しいクラスにしていきましょう」

私は、呼びかけた。すぐに第一回の学級会を開き、席と生活班を提案した。

そして、「私は誰でしょうクイズ」をやって盛り上がった。ハルさんも、ここでは友だちの名前を言って参加した。次の日、休み時間になると、パーッとみんな教室からいなくなった。でも、ユウさんが残っていた。

「仲良くなりたい人は誰かな？」

「せんせい……」

ユウさんの返事に、私は二人でスゴロクやぼうずめくりなど、教室でできるゲームを一緒にした。

そのうち、

「わたしも入れてー」

と、少しずつ増えてきた。だけど、ハルはいつもパソコンルームへ行き、一人でゲームをしていた。

もっと、ハルもみんなも夢中になって、一緒に遊びながら何かできることはないだろうか。

（そうだ！　図工の時間に三人グループをつくって、段ボールの小屋づくりをしよう）

学級会を開き提案した。

これには、反応が大きく、すぐに人気が出た。

「休み時間も作ってもいいですか」

誘い合って作るグループも出てきた。これがまた、今までにない遊びに発展した。だんだん教室は、様々な布が段ボールにくっつけられ、ジャングルになった。しかも、子どもたちは、いつでも段ボールに隠れ、見つけられるのを楽しんだ。

②カエルの合唱

四月の終わり、二年生の生活科で春探しに沙流川に行った。三年生も途中から合流し、カエルを捕まえた。その日の放課後、きゃーきゃー叫んでいたあいさんとあこさんが、

「先生、カエルさわれるようになった!」

と、砂まみれの小さな手のひらを開き、変色したかわいそうなカエルを見せてくれた。

カエルを持ち帰った家では、卵がうまれブームは続いた。放課後、カエルをとりに行こうと待ち合わせ、遊ぶ男子たちも出てきた。捕まえたカエルで、水槽はいっぱいになった。子どもたちは、水槽の前に集まり、さわったりしている。授業中も、ゲロゲロカエルの合唱がはじまった。

五月、北海道に遅い春がやってきた。日高山脈も雪がほとんどとけ、沙流川の青白い冷たい流れが音を立てた。車で一時間の富良野は、山の裾野で桜が咲き、中腹では木の葉が茂り、山頂はまだ雪が残っていた。この光景がなんとも美しい。学校のまわりも、枯れ野原。それが、暖かくなるにつれ少しずつ種類が増え、小さな花が咲いていく。長かった冬が終わり、ぽかぽか陽気の日は外へと飛び出したくなる。

学校の隣、隣といっても二〇〇メートル離れている、そこに小さな田んぼをやっている松浦さんの家がある。そこへ生活科として遊びに行くことにした。段ボールハウスの活動やこうした野外学習をくり返せば、一年の時にうまくいかなかった女子やハルにとって、いいことが起きそうな予感がした。

何度か松浦さんちに通い、慣れてきた五月の中頃、帰ろうとするとハルさんが、

「一番でなきゃ、いやだ」

叫んだ。

「いつも、一番ばっかりでだめだよ」

あきさんや、あこさんが怒った。

「え～……一番がいい」

泣きそうな声で、ハルはつぶやいた。

「だめだよ～」

あいさんがなだめる。

「いいよ。ハル、前歩きなよ」

三年生が、かばった。ユウさんも、

3 放課後のお花見

「しょうがないなあ、いいよ」

と、あきらめ顔。ぼんやりと歩いていると、突然、あきさんが、

「ハル、いま一番じゃないのに、ちゃんと歩いてたしょ！」

と、声を上げた。

ハルさんもびっくりした。ハルさんより前にあきさんたちが歩き、振り向いて叫んだ。それからハルさんは、自分から後ろに下がり、一番後ろに行き、次は違う列に入り、

「あれ、一番前でなくてもいいかも……」

確かめて歩いた。

あきさんは、

「ハル、すごいしょ！」

はげました。みんなもつられて、

「ハル、すごいね。一番じゃなくても大丈夫になったね」

声をかけた。

五月の連休がはじまるころ、やっと北海道でも桜の花が咲いた。

「せんせい、お花見したいよ。お花見しようよ」

真央さんとあきさんが、うれしそうに聞いてきた。それで、相談した。

「どんなお花見をしたいの?」

「みんなで遊びたい」

「敷物しいて、おやつ食べたい」

「ええ、おやつ食べるのが目的なの?」

「違うけど、でもやりたいよ」

二人は、帰りの会で提案することになった。

「今日、お花見やるから、おやつ持って、グラウンドに集合してください」

「ええ、今日?……」

と、驚きの声をあげた。ハルさんは、「いきま〜す」と、元気よく反応した。放課後、敷物とおやつと飲み物を持って子どもたちが集まり、桜の木の下でお花見会がはじまった。外はまだ一〇度にもならない。私はお菓子を持ってみんなのところへ行った。

私「何かみんなで遊ばないの?」

真央「おにごっこしたいな」

しばらく、おにごっこをして遊んだ。

あき「敷物をしいて、おやつを食べようよ」

子どもたちがよろこんだ。

あい「ハル、シュークリーム、一つちょうだいよ」

ハル「これは、オレのだからだめなの」

あい「ふーん。じゃあうちのも、あげないよォ〜」

ハルさんは、大きな弁当箱いっぱいのシュークリームを全部一人で食べて満足した。お母さんが、花見のことを知って、急いで作ったらしい。

次の日、日記にお花見が楽しかったと書いている人がたくさんいたので、朝の会で紹介した。提案してくれた真央さんとあきさんに
「やってよかったね」

と、声をかけるとニコッと笑った。

4 マリオカードでガマン

六月になっても段ボールの小屋は建っていた。さらに、カラフルな紙テープを貼り巡らし、大都会をつくろうと図工をした。

けれども、運動会の練習がはじまると、ハルさんが落ち着かなくなった。なりたかった応援団に選ばれ

なかったし、エイサーでやりなおしになると怒った。また、八〇メートル走のタイムを計る時も、「負けるから、走りたくない」と拒否。

そんな様子に、転入してきた姫さんは驚き、ハルを注意した。けれども、さらにハルはイライラした。

なんとか、ハルさんなりの努力を認めたいと、ポイントカードを作ることにした。

「怒って人をたたかなかったら1ポイントあげるっていうのはどう?」

スタンプを一つ押していき、20ポイントたまると、マリオキャラクターの絵のついたカードがもらえるという仕組みだ。それを見て、

「ぼくもほしい」

他の子が寄ってきた。それで、ハルさんと一緒に取り組むようにした。

「せんせい、ハルさんが玄関のドアを閉めてくれました」

「せんせい、ハルが怒るのをガマンしたから、1ポイントあげてください」

そばにいた子が、見つけてくれるようになった。

「今までは、わけわからずたたかれたけど、この頃あんまりたたかなくなったよ」

あいさんが、日記に書いてきた。そんな時、

「ハルさんは、三時間目に怒っちゃったけど、気持ちを切りかえて今は笑っているので、えらかったです」

と、同じ班の子が見つけて、帰りの会でハルの変化をほめてくれた。

5 マリオダンス

一学期の最後に全校で夏祭りがあった。

「出たい人は出し物に出ることができます。どんな出し物をやりたい？」

学級会を開いた。

ハル「マリオダンスをやりたい」

真央「縄跳びをやりたい」

三年「ダンスやりたい」

私「じゃあ、どの出し物に出たいのか、手をあげて。意見が分かれているけど、どうする？」

子ども「好きなことをするのがいい」

私「みんながそれでいいなら、そうするね」

マリオダンスに出たい人は、ハルだけ。どうなるのだろう。ハルは休み時間になると、あいさんに近づいた。

ハル「マリオダンスやろうぜ」

あい「やだ。だってハルは、勝手に踊ってるだけで、何したらいいか、教えてくれないもん。わかんない」

あっさりふられている。ところが、意外なことが起こった。
陽子「わたし、マリオダンスやりたいな」
真央「わたしも縄跳びもやるけど、マリオダンスもおもしろそう、やりたいな」
三人の仲間ができた。
話し合いがはじまると、ハルは、まったく話し合いに参加しない。女子二人がせっせと文句を言いながら準備している。ダンス練習のはずが、ハルはマリオの絵を描いている。
私「そんなに絵を描くことが楽しいの?」
ハル（うなずく）
私「それじゃあ、マリオペープサートにしたらどう？　これを持って踊れば」
ハル「いいねー」
女子も賛成し盛り上がった。
しかし、マリオのゲームもしたことのない私には、ハルさんの思い描いているマリオ劇をイメージできない。マリオの音楽があることがわかり、ハルさんは、家でその音楽に合わせて踊っているという。
そこで放課後、家に電話をかけてみることにした。
私「ハルさんが、夏祭りでマリオ劇をやりたいというので、その時にかけるマリオの音楽があったらいいなと思っていまして。ＣＤが家にあるようなことを言っているのですが」
母「あ～、あのＣＤね……確か割れちゃったんじゃないかな……」

私「……じゃあケースだけでもいいので持ってこさせてください」

次の日、ハルさんは割れたケースを持って登校してきた。すると、それを見たあきさんが
「これ、うちにもあるよ」

と、言った。

やっと話し合いが成り立った。音楽に合わせてペープサートのキャラクターが動くことになった。マリオの音楽に合わせて、ハルがペープサートを動かす。その動きをまねて、陽子さんと真央さんも動かした。マリオを動かしているだけだが、なぜか一緒にやりたいという人がどんどん集まり、本番前日には
「うちもやりたい」

「ペープサートを持ちたい」

「最後のポーズだけ出たい」

続々と女子たちがこの劇に参加し、ついに本番は女子全員がステージに立った。

⑥ 二学期　クラブをはやらせよう

夏休みが明けた。

「トマト三つ食べたらマリオになれるよ」

ハルはトマトが苦手だった。しかし、マリオカードの魅力は、二学期も続いた。吐きそうになりながら、なんとか食べる。陽子さんが、

「もう無理しなくていいよ」

ブレーキをかけてくれる。

順調に動きはじめた頃、あそびをはやらせたいと考えた。一学期の流れから、カエルに関係する虫クラブ、ペープサートが発展したまんがクラブ、マリオダンスに対抗した縄跳びクラブなどができた。ハルはまんがクラブ。子どもたちはいくつものクラブをのぞき、参加した。放課後プールクラブができ、ハルは、陽子さんに誘われ、メンバーになった。にぎやかに、大人数で遊ぶ子どもたちの姿を、職員室から眺めた。

学習発表会の練習時期からまた、ハルさんは「落ち着かない」と、つぶやきイライラした。表面的な原因は、器楽合奏でやりたかったドラムができず、鍵盤ハーモニカのパートになったこと。それで、音楽のたびに音楽室に入るとイライラするらしい。練習がスタートして二週間以上たっても、机をガタガタさせるので叱った。

「我慢してください」

ガタガタガタ、机を動かしている。

「みんなの迷惑ですよ」

私をにらんだ。

7 新マリオクラブできる

「みんなと一緒のことをやろうよ」

少し、大きな声になった。するとハルが、突然声をあげて泣いた。声を出して泣くなんてはじめてだった。

「何か特別なことでも、あったの？」

私も驚いて聞いた。すると隣に座っていた子が、

「朝、学校に来る前に、お兄ちゃんと家でケンカしたらしい。それで、朝からずっとイライラしていた」

と、教えてくれた。

「ごめんね、ハルさん。そんなことも知らないで怒って。どんなことがあったの？」

私はのぞき込んだ。ハルが、涙と鼻水をふきながら、

「お兄ちゃんに置いていかれた。腹がたったから、石を投げてやろうと思った」

と、つぶやいた。それでか、教室に小石が一つ、落ちていた。朝の会の後に、子どもが小石を拾ってきたのを思い出した。

「よく投げなかったね。ガマンしてたんだ」

マリオカードを渡した。

学芸会が終わり、一一月になった。ハルさんのお母さんが職員室にやってきて、

「いつもコンビニ弁当ばかり食べているんじゃないですか」

と、私に栗ご飯をくれた。ハルはというと「新マリオクラブ」をつくり、お誕生日の人の前でプレゼントと一緒に踊るらしい。そのプレゼントも作ると言って、張り切っていた。そこに、陽子さんや真央さんが入ってきて、さらに元気が出た。虫クラブから「作品クラブ」が分かれ、段ボールクラブもつくり、いくつもクラブが生まれ、子どもたちは、活動に夢中になった。

しかも、今月はハルさんとよく遊ぶマサくんの誕生日がある。プリントの裏紙にメッセージを書き、折り紙でメダルを作り、プレゼントを用意した。そして、その日の帰りの会。

ハルや陽子、真央さんたちが手にプレゼントを持ち、にこにこして前に出てきた。

「マサさん、前に来てください」

突然、教室の中央でハッピーバースデーの歌を歌い出した。声は大きいけれど音は少しずれていた。でも、そんなことはおかまいなし。座っていた子どもたちも立ち上がり、一緒に大合唱。

マサくんがキョロキョロしながら、前にやってきた。

「お誕生日おめでとう!」

何日もかけ、休み時間をつかって準備したプレゼントを、ハルさんがまず一つ、渡した。次に、一緒に準備した真央さん、そして陽子さんが手渡した。

マサくんは、渡された折り紙や絵を抱えた。そして、まわりをクラスのみんなが囲んで、もう一度、歌を歌い出した。ハルも、その中にいた。

2
中学年

王子様の夢はトモダチ

丹野 清彦

1 孤独な王子

学校の東に大野川が流れ、関アジ関サバの豊後水道が北側に見えた。南はスポーツドーム、遠くに由布岳が毎日のように表情を変え、私は立ち止まっては「美しいなあ」と、つぶやいた。四月のはじめ、風が吹くたびに校庭の桜が舞った。今は、新芽の薄緑色が桜の花と同じくらいきれいだった。

始業式の日、小次郎が休んだ。電話をかけようかなと思っていたら、母から連絡が入った。

「うちの子どもは、小さい時からぜんそくがひどくて、夜もなかなか眠れません。明け方近くにやっと寝るので、かわいそうで朝起こせません。それで遅刻しますが、よろしくお願いします」

「そうですか。小次郎くんも大変ですね」

愛想よく答えたものの、前の学年の人に聞いてみた。

「一年の時は、教室を抜け出して、どこかに隠れた。二年の時は、いつも保健室で寝ていた。三年の時は教室にいるようになったけど、立ち歩いていた。お休みも多いのよ」

と、教えてくれた。

次の日、小次郎は九時前にやってきた。机にランドセルを置き「ふう……」と息をつくと、そのまうつぶせて寝た。授業をはじめても寝ていた。

「もしもし、国語の本を出してください」

「う、ううん。国語？　おれいい」

「いいじゃないですよ。国語ですよ」

「勉強なんか、どうでもいい……」

やさしく話しかけても相手にされない。子どもたちは、小次郎が本を出さないなら、ぼくも出さないぞ、そんな顔をした。私は、一段トーンをあげた。

「一緒に本を出そうよ」

小次郎のカバンから、教科書を出して机に置いた。

「ほら、やればできるやん」

「出したのは、おまえやんか！」

小次郎は、かん高い声を出した。そう、出したのは私です。

「うらやましいね。そこまではっきり言えて」

それから、毎日こんな会話が続いた。

五月のはじめ、中休みに小次郎が壺山に噛みついた。からかわれたらしい。しかし、追いかけても追いつけないので、机の下に身を潜め壺山が帰ってきたところをガブリと噛んだ。

「はなせ、小次郎」

と言い続けたが、中休み終わりのチャイムが鳴るまで離さなかった。きれいな歯型が残った。この様子に言葉が少なくて、うまく言えないから噛みつくのではと思った。だったら、言葉で表現できれば噛みつかなくなるはず。私は、授業では考えをノートに書く、帰りの会では、一日の出来事を俳句で表現する、今日一番良かったことを順番に発表する場面をつくろうと思った。

五月の終わりになっても、小次郎の遅刻は減らなかった。遅れて来ては席に座り、ため息をついて、うつぶせた。私は、我慢できず小次郎を渡り廊下に連れ出した。

私「本とノートを出してくれませんか」

小次郎「……」

よし、大人の怖さを教えちゃん。悪い私が心の片隅にいた。小次郎を渡り廊下の柱に押し付け、「ちゃんとできんのか」と、低い声でささやいた。

小次郎は、

「先生は、ぼくをおどすんですか」

と、私を見つめた。

私は、どう彼と対話したものか戸惑った。そして、小次郎のトトロのようなお腹を何回もさすり、

「王子様、本とノートを出していただけませんか」

と頼んだ。小次郎は、じっと私を見つめた。もう一度同じ言葉を言った。すると小次郎は、

「誰が王子様?」

と、つぶやいた。

「はい、もちろん小次郎様です」

「じゃあ、先生は?」

そうくるかと思ったが、お腹をさすり、

「できれば、大臣くらいにしていただけませんか」

答えると、大きくうなずいて、

「大臣、本かノートのどちらかなら出していいぞよ」

と、胸を張った。

「できれば教科書の方でお願いします」

彼は教室へ戻った。

この出来事は転機になった。どんなにやさしく対話しても、小次郎にはすべて注意に聞こえた。それが、王子様と大臣の序列によって「お願いされている」と受け取ったのではないだろうか。

二日後「王子様、この間の出来事を作文に書いてくれませんか」と、お腹をさすった。書き言葉を重視した。しかし、小次郎は反応しなかった。ところが、一週間後こんなメモをくれた。

先生、こんなに長くせっとくしてくれてありがとう。ぼくは、こんな先生ははじめてだよ。じつはいじけていたんだ。だって、本とノートをわすれてやる気になるわけがないだろう。でも、先生もねばるなあ。いままでは、おこる先生ばかりだったよ。それがなんとか頼むよ、なんていわれたのは初めてだ。その時、少し気が変わったよ。これでもぼくは王様だ。プライドぐらいあるんだよ。つぎも頼んでくれ。わけは、教えられない。

私は説得と納得、対話と話し合いの力に頼り、彼に近づいていこうと考えた。

② アトラスを守る会

明美さんのお父さんは、怖い人だった。私がこのクラスを受け持ったのも、明美がいたからだ。三年の時、子ども同士のトラブルにお父さんが参加し、大人のもめごとに発展した。明美も遅刻や欠席が多かった。新学期もはじめは順調だったが、すぐに休みはじめた。兄弟も同じで、低学年の弟が休んだ時、担任が心配して電話をかけたら、

「いちいちうるせー、電話せんでいい。行きたくなったら行く!」

と、直接学校へやってきて怒鳴られたという。

家庭訪問の時だった。お父さんは、ソファに両手を伸ばして座り、何度もタバコの煙をかけてきた。

するとお母さんは、お父さんの前にあるタバコを取った。私は、お母さんが救ってくれると思った。

ところが、お母さんはリクライニングチェアに腰を下ろし、タバコを吸った。煙の中で、興味がわいてきた。

「お父さんが、子育てで一番大事にしていることは何ですか」

すると、

「ううん……本当の友だちや」

白い肌着の下から、竜のタトゥーが見えた。

「ええっ！　お父さんみたいに、強い人は、友だちなんかいなくても、すべて命令でやっていけるんじゃないですか」

勇気を振りしぼった。

「そう思うやろ。だけど、大事なのは本当の友だち、信頼できる友だちや」

きっぱりと言い、私を見た。そして、

「おれには、そういう友だちがおらんかったから、最後は裏切られた」

と、つけ加えた。（大切なものは、同じや）

「先生、あんたは良さそうな人や。おれが五年の時に出会った、たった一人のいい先生に似ちょん。アトラスオオカブトという、めずらしいカブトをあげるから持って帰れ」

「いいえ、そんな大切なものをいただくわけにはいきません」

「おれがやるっちゅうもんを断る気か!!」

にらまれた。

「いえいえ、そういうわけでは……」

箱を手に、アパートのドアを閉めた時、

「このアトラスに、もしものことがあったら、どうなるんだろう」

頭をかすめた。

次の日、明美の父さんからアトラスをもらったことを話すと、子どもたちは一斉に後ろの箱を見た。

そこで、お世話をしてくれる人を募集した。アトラスを守る会と名前をつけ、週末はホームステイする。

そこには、小次郎も明美も入っていた。アトラスの関わりから、一つのグループが生まれそうだ。

3 ぼくは家から出られない

小次郎は将棋ができた。二人で将棋をしていると、

「すげえ、小次郎ってすごいなあ」

話題になった。すぐに、小次郎に将棋クラブの部長になるよう誘いかけた。また一つ、交わりの輪

ができる。

帰り道、ふらっと小次郎の家に寄った。どんな放課後を過ごしているのだろう。

「あっ……えっ先生?」

「どうしているかな、って思って」

「ああ、そういうこと。一人でいるよ。ゲームしてたんや」

小次郎の家は、お母さんと高校生になるお兄ちゃんの三人暮らし。お母さんは夕方七時まで働いている。ぜんそくがひどい小次郎は外出禁止。ゲームで遊んでいた。

「なあ、今度稲垣くんの家へ行ってみらん? あいつの家は、庭に穴を掘っていて楽しいよ」

稲垣くんの家へ家庭訪問に行くと、庭にブルーシートがあった。

「あれは、息子が趣味で庭に穴を掘っているんです。将来は、考古学者になりたいらしいですよ。見てみますか」

と、お母さんがシートを取り払ってくれた。こんな稲垣も、友だちはいなかった。小次郎とくっつけば、一人ぼっちの子はいなくなる。

「行ってみたいなあ、母さんに聞いておくよ」

私と小次郎、二人の対話だけでは足りないと感じていた。小次郎を外の世界へ連れ出し、友だちと遊ぶ楽しさを体験させたい。子ども同士の世界をつくりたかった。

六月になり、その日がやってきた。ところが、小次郎が来ない。私は職員室から、待ち合わせの場所を見ていた。結局、その日は来なかった。

私「なあ小次郎、昨日はずっと待ってたんだよ。もう来るか、もう来るかって」
小次郎「……」
私「何か、大事なことでもできたのか」
小次郎「……」
私「責めてるんじゃないんだよ。まだ、ぼくらは本当のことを話せる関係じゃないのかい」
小次郎「母さんが、急に休みになった」
私「急に？　それで、どこかに行ったのか」
小次郎は、ノートに書いた。

ぼくはホームセンターに行った。ごめんなさい

私「それで、幸せだったのかい？」

すみません。でも、ぼくはしあわせだった。

次の週、また待ち合わせた。小次郎はやってきた。未来の考古学者、稲垣くんは私たちを見ると、ブルーシートを慣れた手つきで持ち上げ、スコップを小次郎に渡した。
二人は、しばらく黙って穴を掘り続けた。これが遊びの世界なのか、ちょっと首をひねったが、はじまりだと言い聞かせた。実際にくり返していると、稲垣くんが小次郎のうちへ遊びにいくようになった。

「おーい、小次郎。もう五時になるから帰るよ」

「待ってー。穴がもう少しだから」

私は、大きな穴の完成を待った。

次の日、小次郎に「昨日は、どうでしたか」と、話しかけると、メモ帳を取り出した。

せんせいうれしい。だって車にのせてくれたから。ちっこいクルマだったけど、のりごこちは、せかいいちだった。

そこで、「大人のことをどう思っているの」と、のぞき込んだ。

ぼくは学校よりとおくに行ったことがない。大人は、やくそくをまもるとは、あんまりおもっていなかった。かあさんは、ちょっとね。でも、しょうがないんだ。

どういうことと聞いても、これ以上は言えないと小次郎は答えた。私は、小次郎の背負っているものを感じた。いつか彼が話してくれる日を待とう。

4 緊急学級会「お葬式実行委員を募集します」

あと少しで夏休み、七月の第一週は雨が続いた。そんな月曜の朝、職員室でお茶を飲み気持ちを整えているところへ、

「大変です。大変です」

と、子どもたちがかけてきた。

「アトラスが。アトラスが……」

教室では、子どもたちがアトラスを囲んでいた。

「こういう時は、どうすればいいかなあ」

私はつぶやき、

「ちょっと、みんな座ってくれ。緊急学級会を開くよ。委員長、司会を頼む」

みんなで話し合うことにした。

壺山「人間なら、お葬式ですね」

私「お葬式ねえ……」

大谷「三年の時もハムスターが死んで、お葬式をしたなあ」

子ども「ああ、そんなことがあったなあ」

私「お葬式といえば、チーンとかポクポクってなるのがあるやろ。あれはどうする?」
大谷「木魚なあ、どうしようか」
小次郎「おれ、あるとこ知ってる」
子ども「ええー、どこに」
小次郎「音楽室で見たことがある」
壺山「なんでおまえ、知ってるんか」
小次郎「いや、前に逃げて隠れていたらあった」
私「小次郎、取りに行ってこい」
小次郎が、持って帰ってくると拍手を浴びた。
私「だけど、お経はどうしますか」
大谷「お経なあ……」
稲垣「あのう、ぼくお経を憶えています」
壺山「なんでかー」
稲垣「ばあちゃんが、毎朝毎晩お経を唱えているんで憶えました」
子ども「すげー」

お葬式実行委員を募集し、実行委員会を放課後開いた。稲垣はお経、明美は喪主に、小次郎は最後のしめに鐘のかわりにシンバルを鳴らす係りになった。葬儀は二日後だ。

5 涙は使い果たした

葬式の朝、明美が来ていない。私は、電話するしかないと思った。

「あのう、いただいた大切なアトラスが亡くなったことはご存じでしょう?」

「ああ、知ってる」

寝起きの声だ。怒鳴られる前に早口で話した。

「それで、今日はアトラスの葬式の日なんです」

「葬式?」

「明美さんは、葬儀の喪主なんです。なんとか来れませんか」

「喪主か……そりゃ、行かないけんわな」

お父さんは義理堅かった。

お経をあげ、弔辞を学級委員長が泣きながら読むと、子どもたちは声をあげて泣いた。最後に、明美が、

「今日は、私のアトラスのためにこのような……」

とお礼を述べても、子どもたちは泣き続けた。

ところが、小次郎だけは窓の遠くに見えるドームを眺めていた。私は隣に座った。

「どうして泣かないんですか」

「さあ……」

相手にされなかった。言葉が届いていない。私は、言葉を探した。

「涙は枯れてしまったんですか」

ささやいた。一瞬、こっちを向き、また外を向いた。

「泣けんのや。涙が出らん。涙は使い果たしたんや」

「使い果たした……いつ?」

「それは、言ったらいけんって、母さんに言われてる。本当は言えんけどな、父さんが、おれの家を出て行く時に涙を使い果たしたんや。父さんはおれのゲームソフトまで売り払ったんや」

ポツリ、ポツリと小次郎は語った。

6 きみはぼくの友だちだよ

二学期がはじまった。おばあちゃんと暮らしている大城くんが、学校に来るのを渋った。私はそのことを小次郎に話した。

「きみは、いろいろなことを人生で経験してきているやろ。大城にも同じような悩みがあるんや。先輩として相談にのってくれないか」

彼は遅れてくる大城を靴箱で待った。そして、

「人生いろいろあるんぞ。まあ、なにか困ったら言えよ」

大城の肩に手を置いた。こんなことをくり返していると、小次郎と稲垣の仲間に大城くんが入って、どろだんごクラブをつくった。それをきっかけにあそびのクラブがいくつも生まれ、グループで活動しては、

「一人がいくつも入っていいんですか」

「入っても、やめることはできますか」

と、帰りの会で意見が出た。そのたびに、帰りの会は学級会に変わり、ルールを決めた。帰りの会は、大事な話し合いの場になった。

運動会が終わり、由布岳が白く見えはじめた頃、壺山が、

「先生、小次郎が本しか出さん。ガツーンと怒ってください」

と、言いに来た。スポーツ家族で育った子どもらしい意見だ。しかし、そばで聞いていた大谷は、

「それでうまくいくかなあ」

と、壺山を見た。私は稲垣も呼び、小さな話し合いをはじめた。そして、互いの信じる道を進むことにした。

次の日、壺山が小次郎の前に立ち、

「本とノート出せ！　いい加減にちゃんとしろ！」

大きな声を出した。小次郎は無視した。すると、大谷が横へ行き、
「小次郎くん、ノートをぼくと一緒に出そうよ。ほら、やってみよう」
やさしく誘った。小次郎は、ちらっと大谷を見たがそれだけだった。私は稲垣に手招きした。
「壺山がお父さんで、大谷がお母さん役だった。きみは親友として語ってくれ」
稲垣は、
「親友ですか……」
と、考えた。そして、小次郎の後ろにまわりささやいた。小次郎は振り返りニヤッとして、ノートを出した。何を語ったんだろう。帰りの会で教えてほしいな、小次郎に誘いかけた。
帰りの会、みんなへのコーナーで、小次郎が手をあげた。
小次郎「きょう、稲垣くんからおかしなことを言われました」
司会「どんなことですか」
小次郎「きみは、ぼくの大切な友だちだよ」
子ども「それで、それで」
小次郎「いや、なんかなって思ったらノートを出そうよ、って言いました」
壺山「それで出したんか」
小次郎「うん……」
私「こんなふうに言われたことはあったの?」
小次郎「いいや、はじめて。うれしかった」

司会「誰にお礼が言いたいんですか」
小次郎「稲垣くん、ありがとう」

小次郎ははじめて人にお礼を言った。その言葉に、子どもたちは一瞬驚き、ちょっと間があって大きな拍手を送った。

この日から教室では、

「小次郎くん、きみはぼくの大切な友だちだよ。給食当番をしようよ」

「きみはぼくの大切な友だちだよ。はい、ぞうきん」

ゆかいな言葉かけで、いっぱいになった。

二学期の終わり、稲垣くんは国語の学習でこんな詩を発表した。小次郎は、その詩を聞きながら目をつぶり微笑んだ。

ほうかご
ほうかご
小次郎くんの
うちへよります
家の中に入ったら
小次郎くんは
いろんなものを
せつめいしてくれます
おもちゃもくれます
おもしろすぎて
家から出たく
なくなります
でも
ぼくは
小次郎くんのうちから
かえります
きみはぼくの
大切な友だちだよ
つぶやきながら……

3
高学年

ミュージカル・未来へのとびら

牧野 幸

① 文化ホールのステージに立ちませんか

四月は、あわただしく過ぎようとしていた。そんな放課後、校長室に呼ばれた。

「子ども文化ホールの夢体験事業に応募する学校がないそうです。やりませんか」

たしか、昨年は四年生がゴーヤのグリーンカーテン作りをして、ホールで発表した。子どもにとっていい経験になるかもしれない。私は、学年部で相談した。といっても、学年は二クラス。音楽の先生を入れ三人で話し合った。私は、この夢体験事業がはじまった時、当時の勤務校で全校ミュージカルに挑戦したことを思い出した。

私「ミュージカルなら、子どもたちをやる気にさせ、子どもたちが主役となる学校ばつくる原動力になると思うとですたい」

二組「子どもたちから、ミュージカルをぜひやりたい、というのであれば、できると思う。だけど、牧野先生がやりたいからといって、子どもたちから賛成の意見が出るでしょうかねえ」
音楽「無理にさせても、成功しないばい。まずは、子どもたちが、どう考えていくか聞いてみたいと思うとです」
二週間ほど何度か話し合い、学年集会を開き子どもたちの意見を聞いて、決めることにした。
校区には熊本城がある。教室の窓から熊本城を囲む大きなクスノキ群が見える。
時々、街を走る路面電車の音が聞こえ、歴史と趣を感じる学校。子どもたちは、明るく元気で活発なリーダーもいたが、不登校傾向の子どもや困難な課題をもつ子、すぐ人をたたく子など、様々であった。初枝は登校を渋り母親が付き添って登校した。帰っていく母親を泣きながら見送り授業中はほとんど何もできない。そんな初枝の要求は何だろう、子どもたちの反応を見ることも考え、班長会で話し合うことにした。
私「初枝さんが、学校に来れていません。きみたちは、どぎゃん思うとかな？　みんなで初枝さんの気持ちを考えたいと思うとたい。そうして、みんなが少しでもできることがあれば、やっていきたいとたい」
原口「みんなと遊びたいんじゃなかとね」
かなこ「だから、遊びたいけど、遊びに入れないわけを考えていこうとしてるんじゃないんですか」
原口「そうたい。それがわからんたい。おれにもわからん」
まなみ「みんなと話したいけど、いきなりみんなとは話せない。去年も同じクラスだったユキさんとミイちゃんは話せそう」

原口「二人に任せといていいとか?」
まなみ「二人にさせて、後は何もしないとかではなくて、二人を窓口にして、それをもとにみんなで考えていこうと話してるんじゃないの」
のあ「みんなで応援してるんだ、ということが伝わればいいじゃなかと?」
ユキ「うちには、話してくれるよ」
原口「みんなでなんかこう、パアッと盛り上げることができんとかなあて思うとたい」
子どもたちから、解決策が出てくるなんて思っていなかった。でも、どれだけ友だちのことに関心をもち、関わる気があるのか知りたかった。これなら、初枝のことや学級のことについて議論できる。この子どもたちとなら、楽しいことができそうだと思った。

2 子どもからミュージカル

学年集会は、毎月最終週の金曜日に設定してある。年度のはじめこそ教師が進行するが、だんだんとクラスの学級代表が、交互に担当するように計画した。ここで、今年の総合的な学習の時間について、どんなことがしたいか、私たちは、子どもに聞いてみることにした。

私「総合的な学習は、みなさんの希望をもとに計画していこうと考えています。みなさんのやる気、いいところを生かし学習していこう。五年生のみなさんのいいところは何でしょうか」

原口「元気がいい」

まさと「外遊びが好き」

のあ「歌や踊りが好き」

きら「音楽が好きな人が多い」

など、次々と発言しはじめた。この学年は、ノリがいい。学年集会を中心に全体で話し合いが成り立ちそうだ。私は、うれしくなった。

「昨年も総合学習で発表したとばってん、まわりの人からほめられて、大好評だったよねえ。きみたちなら、今年はもっとすごい発表ができると思うとたい」

と、話した。二組のひとみ先生は、

「いつもおしゃべりが多くて、注意されるみなさんですが、このエネルギーが、一つになれば、すごいことが起こるのではないかと先生は思います。総合学習も学年の問題もみんなで考えて、知恵を出していきましょう」

と、語った。そして、今年の総合学習について「どんなことをやりたいか」子どもの意見を聞いた。

はじめは個人で考え、次に学級の班で意見を交流し、いよいよ学年討議に入った。

きら「みんなの得意なことを生かす」

原口「おもしろい劇をする」

子ども「劇すっと?」
かなこ「歌も入れよう」
子ども「そうそう歌も入れたほうがよかよ」
ななこ「それじゃあ、ミュージカルだな」
ミュージカル、私は心の中でドキンとした。でも、
私「そうですか。ミュージカルって、それなあに」
と、自分を抑えた。ひとみ先生がそうしろと視線を送った。
きら「劇だけでなく、歌も入れたらいい」
のあ「いつも歌っている『広がる夢ははてしなく』は、牧野先生がつくったのでしょう。他にもいろんな歌をつくってほしいです」
そう、私は歌を作曲する。毎年、学級の歌は子どもたちと作詞し、つくりあげている。そのことは知られていた。子どもたちが、その気になってきた。
私「そうですか。先生も頑張りますよ。でもね、ストーリーやアイデアは、みんなが考えるんですよ。大丈夫ですか?」
と、身を乗り出して問いかけた。子どもたちの反応は最高だった。拍手をしてよろこぶ子どもまでいた。全員一致で決まった。文化ホールの事業の締め切りぎりぎりで、参加を希望することになった。

３ 校区のいいところをストーリーに入れよう

どんな物語にしようか。一新小校区のいいとこ探しからスタートした。いいとこ探し実行委員は、二つの学級から希望者を募った。五人と六人。合計一一人だった。実行委員と、ストーリーのつくり方を話し合った。すると、実行委員のかなこが、アンケートをとり、みんなの考えをまとめたいと言い出した。そこでアンケートをとり、実行委員がまとめ、次のような学習計画を立てた。

①いいところの歴史などについて、詳しく教えてくれそうな人を探し、話を聞く
②そして、ベスト10を発表する（次がベスト10）
③橋本しょうゆ、お月見山公園、一丁目公園、子ども文化会館、肥後玩具、パン屋「ミルク」、総菜屋「ミートデリカ」、新幹線、熊本城、からしレンコン屋さん　みんなで訪問する
④担当班をつくり、七月にレポート発表会を行う
⑤これをもとに二学期、ストーリーを考える

校区をまわる時、初枝は休んだ。初枝は、四年生の中頃から教室に行けなくなり、空き教室に準備された学習ルームに行くことが多かった。初枝は、不安定でたびたび学校を休むようになった。母親

とも何度も話をした。

私「朝から迎えに行きましょうか」

母「私が連れて行ってもいいですか」

私「ありがとうございます。助かります」

しかし、こういう外に出ていく活動は、初枝にとってもいろいろな大人と出会い、友だちと行動し、きっといいはずだと自分に言い聞かせ、初枝のお母さんを訪ねた。

「また、二週間後に予定しています。なんとか連れて来てくれませんか。場合によっては、お母さんと一緒に活動してもいいですから」

私の言葉に、お母さんはうなずき、一緒に活動してくれた。

④学年集会で脚本づくり

七月の中頃、いよいよストーリーを考える日がやってきた。子どもたちは、総合のノートに自由に書いてきた。二行の子もいれば二ページほど書いてくる子もいた。コピーして廊下に掲示した。

●楽しく暮らす一新の町。とつぜん大地震がおきる。みんなが大変な苦労をするがヒーローが

助ける。（遠山）

●むかしむかし、一新の町には、たくさんの人々が住み幸せに暮らしていた。そこに、とつぜん町の人々に悪さをする者たちが現れる。町を荒らす「アラスンジャー」は、平和な日々をぶち壊していく。水戸黄門みたいな偉い人がきて、争いを鎮める。（中川）

●不思議な力を持つ転校生がやってきて、それまで平和だった一新の町は一変する。江戸時代の熊本城にタイムスリップして加藤清正やお姫様が助けてくれる。（黒石）

こんな時、しばしば前田がトラブルを起こし暴れた。前田は今年度からの転校生で、なれてくるとしだいに乱暴な一面をのぞかせた。所属しているサッカークラブでレギュラーになることが目標らしい。体育は休んでサッカーはやっている時もあった。教室では、イライラしたそぶりで給食が少ないと腹を立て、当番の子の腿を蹴ったりしていた。授業中もよそ見をして注意されるとキレる。何度か個別指導をして家庭に連絡したこともあった。

人前で発表するのもいやがり、歌うことはかなり抵抗があった。ミュージカルのシナリオ作りの段階では、全くやる気を見せない。どうしたものか悩んでいると、悪者という話が出だすと身をのり出す前田を発見した。

前田「先生、悪者もいるんですか」

私「そういう話が出ていますね」

前田「悪いやつ、出てもいいんですか」

私「だから、みんなの中から意見が出てたでしょう。悪者がいるけん、ヒーローもおる、って」
私は、原口を呼んで「前田が悪者という言葉に反応したよ」と話すと、
原口「いろんな悪がいてその中に前田も、考えてみますね」
私「みんなの力を合わせてやれるミュージカルにするため、前田はおもしろいと思うんだ。あの子のエネルギーをみんなで大事にしたいんだけどな」
と、語った。悪者を取り入れたストーリーにして、出だしを少し変え子どもたちに提案した。

「一新の五年生に転入生がやってくる。それまで仲がよかった子どもたちが急に仲が悪くなる。それは悪者の仕業だった」

続きを考えてくるように呼びかけた。またまた、ずらっと廊下に張り出し、学年で集まって読み合い、学年集会で子どもたちの感想をもとにさらに修正した。ついに九月の終わり、あらすじができた。

5 悪者役が大人気

一〇月、熊本城の大銀杏の葉を、ときおり吹く涼しい風が揺らしはじめた。ついに脚本ができた。

役決めの前に学年みんなで読み合い、誰がどんな役に合っているか、ざっと学級で話し合った。そして、立候補をつのり、学年総会で決めることにした。

放課後、私は前田を残した。一〇月下旬の全校ゲーム集会で、うちのクラスが何のゲームをするかという話し合いの時、前田は、お化け屋敷がしたいと意見を出したが、多数決で否決された。みんなは、迷路ゲームに向けて準備をしたのに、ムカついた前田はしなかった。しかも、当日はそれを全部ぶっ壊し、中心になっていた子たちに足蹴りした。こんなことは一度や二度ではなかった。

私「前田くんは、どんな役をやろうと思とっとかい？　教えてくれんかなあ」

前田「それがですね……」

私「なりたい役は、決めとるとかなあ」

前田「一応は決めとるです」

私「おまえには、ひとよりか何倍かのエネルギーがあると思うとたい。
　そのエネルギーば、こんミュージカルで出してほしかと思うとたい」

私は、そんな話を何度かした。

そして、役決めの日がやってきた。体育館には、子どもたちが集まり、自分の希望した役になれるか、緊張していた。実行委員会が、役の一覧表を張り出し、そこに立候補者の名前が書かれていた。今日の司会は私だ。

私「まずは悪者ですが……」

前田「原口さんがよかと思います。理由は、みんなの前で悪者の歌を歌

いたいと希望していて似合うと思うからです」

一番人気の悪者役に、元気ものの男子がたくさん立候補した。前田はどんなに暴れても、原口には、一目置いていた。悪者のリーダー役と悪者グループを決め、魔女役に移った。

私「次は、魔女です。立候補は、前田くんともう一人いますが、みんなは、どぎゃん思いますか」

原口「前田くんは男ばってん、よく暴れ、ものを壊し、人を蹴ってきて一番似合っていると思います。本人も希望しているし、みんなも応援すると思います」

前田は「魔女をしたい」と、立候補してきた。みんなは、暴れた姿と魔女を重ねて大笑い。

前田「おれは、ほめられとっとだろか」

子ども「ほめられとるとたい。ばってん、前田くんは暴れる時が多すぎる、減らしてほしかとたい」

前田「仕方なかなあ」

ニヤニヤしながらもやる気になった。魔女役は、二人で分担することにした。すべての役が、どうにか決まった。会計と衣装、振り付けは、二組のひとみ先生が担当してくれた。子どもたちが昼休みに集まり、振り付けを考え続けた。

実行委員と話していると、劇を専門にしている先生に演技を指導してもらったらどうか、という意見が出た。おれじゃ、頼りないのだろかと思いながらも、以前お世話になった劇団の方に、子どもからお願いさせた。

そこでは、一二月は、演劇に取り組む体づくりに重点を置くことをアドバイスされ、声出しや体慣らしをしてもらった。初枝は、はじめはどうなるのかなと心配したが、だんだん友だちと一緒に大きい声を出すやり方や、音楽に合わせて体を動かすなど、楽しく取り組んだ。この頃から、休まなくなった。体を力いっぱい動かし大声を出し、表現するよろこびを知ったようだった。

⑥全校に呼びかけよう

一月になった。衣装や小道具について実行委員会でどうするか、相談した時のことだ。
かなこ「先生、みんなの衣装についてなんですけど、現代の子どもは、それぞれでいいと思うんです。江戸時代の衣装で困っているんです」
かなこさんが、上品な口調で言い出した。江戸時代の衣装とは、どんなものなのだろう。
原口「そこなんじゃ、まあ、悪者は黒い衣装ということで、みんなに話してるとたい」
のあ「江戸時代は、難しかねえ。お母さんに相談してみるけん」
子ども「家来は、学校にあるハッピでいいばい。お姫様やお殿様、それに魔女は全校のみんなにチラシを配って、衣装を考えてもらうのは、どうだろうか?」
かなこ「それで、集まるといいけど……」
原口「とにかく、やってみるしかなか」
私の思っていることを原口が言ったところで、実行委員会は終わった。チラシを印刷して配ると、思いがけず反響があった。

「魔女の衣装は、この布を貸してあげるよ」とか「お姫様やお殿様は、坪井川園遊会などの地域行事を進めている人もいて江戸時代の衣装も貸してくれるよ」と、地域に住むプロの着付けをされる方が見つかった。「その人のメイクと衣装で、お姫様もお殿様も完璧にできそうね」と、かなこたちがよろこんだ。

公演の日が決まった。実行委員は、たくさんの人に来てほしい。そのために、どう呼びかけて広めたらいいかをテーマに学年集会を開いた。

ななこ「やっぱりチラシを書いて、全校に配りたい」

原口「ばってん、誰がうまいかな。やっぱりミイの出番たい」

かなこ「体育館に入れないくらいいっぱいになったら、どぎゃんすっと？」

衣装の時に、チラシを配ってたくさんの反響があった。その経験から、今度はミュージカル案内のチラシをつくりたい、とななこたちは言い出した。誰にチラシづくりを頼んだらいいのか、実行委員会で人選した。チラシができると、学年集会を開いた。

ななこ「みんなの協力で、チラシができました。これを地域の人に配ってください。みんなのやってきたミュージカルを見てもらいましょう」

子どもたちは、二〇〇〇枚ものチラシに驚いた。そして、全家庭に配布し、地域の人にも配ろうと、子どもたち一人ひとりに渡した。だんだん子どもたちは、自分たちがものすごく大きなことに取り組んでいるのではないか、と感じはじめていた。チラシは、あっという間になくなり増刷した。

子どもたちの熱意はどんどん伝わり広がった。地域の自治会、老人会、交通安全協会も動き出した。地域の各団体の代表者の会が行われ、自治会長さんが、「小学校の子どもたちが地域を題材にしたミュージカルをするそうですたい。各団体あげて応援したいと思うとです」と、呼びかけてくださったそうだ。朝出勤してくると交差点で交通指導している交通安全協会の方が、話しかけてこられた。「先生、聞いたですよ。ミュージカルば、しなはるてですね。楽しみにしとります」。地域あげての応援に子どもたちは活気づいていった。

かなこ「先生、ミュージカルのこと、かなり広まってますよ」

原口「たくさん来てくれると思うと、なんか燃えてくるなあ」

子ども「そぎゃん、人ばいっぱいくるばってん、あいさつの一つもせんでよかとやろうか」

実行委員会で、当日の動きを確かめていくと、最後のあいさつについて誰がやるのか決めていなかったことに気づいた。それで学級で、最後にあいさつする人を募集することにした。

クラスで実行委員が提案していると、初枝がもじもじしていた。ななこが、

「初枝ちゃんは、立候補したいんですね」

というと、小さな声でハイと言った。

すると、元気のよいお調子者の大輔も立候補してきた。初枝は一学期、母親と一緒に登校して、なかなか母親から離れられなかった。それでも地域を回る学習がスタートした頃から、登校の渋りが減った。さらに、二学期になって、劇団の方を招いて、身体をほぐすことに取り組む頃から、少しずつ笑うようになった。今はもう休まない。

ななこ「どうやって決めたらいいですか」
子ども「役決めの時のように、オーディションをしたらよかばい」
他の子「それがよかよ」
と、子どもたちが言っている。私は、初枝の方をチラっと見た。男子相手でどうなるのだろうか。初枝にやらせたい気持ちと、もしそうなったら負担に思わないだろうか。何より、公平に決めなければと戸惑った。
大輔がいつもの元気な声であいさつした。照れがあったのか、笑いすぎていた。今度は初枝の番だ。声は小さいが、懸命に言葉を選び、時にちょっと止まりながら語る初枝。聞いている子どもたちの顔が、だんだん引き締まり、シーンとした。初枝の言葉が終わると、拍手が起こった。大輔も拍手していた。
ユキやミイが「はっちゃんやりなよ。応援するよ」とささやいた。全員一致で初枝が担当することに決まった。

7 さあ本番

実行委員長ななこは、「今日のミュージカルは、校区を歩き調べ考えて、五年生みんなで、このミュージカルをつくりあげました。何度も何度も話し合い何度も何度も練習し、今日の日を迎えました」と、あいさつをはじめた。

初枝は無事に終わりのあいさつをし、まとめの作文で、「自分に自信をもつことの大切さを学びました。先生もみんなもはげましてくれたので、終わりのあいさつもできました。これからも頑張っていきたいと思いました」と書いていた。その後も元気に登校した。

子どもたちは本来自分を表現したい。自分をほめてもらいたい。力いっぱい打ち込みたい、そんな要求をもっている。それを引き出しきれない学校がある。学校の殻を破ってこそ、子どもの力を引き出せる。学校の枠にとらわれているのは、私たちかもしれない。子どもに相談し、真剣な討議・討論が進めば、子どもたちが本気で燃えて、集団が目的に向かって一つになり、地域までも動かすということを実感した。話し合うことは、まわり道のような気もするだろうが、初枝のことも前田の問題も解決してくれた。実は近道だった。

第3章

おしえて！話し合いづくりとは何？その魅力と発展

やさしい理論編

大和久　勝

1 学級づくりと話し合いづくり

【学級づくり（集団づくり）とは？】

私たちが求める「楽しい学級」「生きいきとしている学級」は、子どもたちが学級の主人公になっている学級のことです。そうした学級が、はじめから存在するわけではありません。また、そうした学級を子どもたち自身がつくっていくことが大事であって、私たち教師は、それを援助したり指導したりすることが仕事です。それが〈学級づくり（集団づくり）〉というものです。

〈学級づくり（集団づくり）〉の目的とは何でしょうか。「楽しい学級」「生きいきとした学級」は誰もが望む学級の姿ですが、私たちは、そうした学級を育てていくことを通して、子どもたちに学んでほしいことがあります。「楽しい」「生きいきとした」とは抽象的な言葉ですが、そういう学級にするためには、いろいろ獲得していかなければならないものがあります。

例えば、教室の中で正義が通らなければなりません。いじめや差別などを克服していく力も必要です。そのためには、話し合いができなければなりません。また、誰もが参加できる学習が保障されなくてはなりません。仕事を分担し、協力して共同生活を築けるようにならなければなりません。自分たちのためのルールをつくって守っていけるようなことも大事です。こうした力を、子どもたちが獲得していくことが、学級づくりの目的になります。

学級づくり（集団づくり）は、「班づくり」「リーダーづくり」「話し合い（討議）づくり」という三つの方法によって成り立っています。

班づくりとは？

「班づくり」とは、学級づくり（集団づくり）の方法の一つです。班・グループの指導をもとにして展開されるものですが、目的は、〈子どもの居場所と出番づくり〉を通して、個人と他者との関係、集団と個人の関係、あり方を学ぶものです。

居場所づくりは、個人が集団の中で生きていくうえで重要な事柄です。居場所づくりとあわせて大事なのが出番づくりです。出番によって居場所がさらに安定したものになります。居場所は、信頼し安心できる人間関係であり、出番は授業や学級活動で活躍することです。その安心と自信の中からそれぞれの子どもの自己肯定感が育ち自立していくことができるのです。

今、個々の子どもたちが居場所を失い孤立して生きていると言われています。他者とのつながりも希薄です。つながり方を知らないということもあります。これからますます、班づくりの展開の重要さが強調されていきます。

リーダーづくりとは？

集団（学級）が自主的民主的に運営されていくためには、リーダーの存在を欠かすことができません。

学級がどのような方向を向いて動いていくかは、学級の雰囲気や世論を左右するリーダーの存在によって決まってくるところがあります。どのようなリーダーを選ぶのか、どのような世論にしたがっていくのかは、学級全体の意思によるものです。リーダーを選ぶ力や、支持したり拒否したりする力も重要です。

したがって、リーダーの指導という時、リーダーを発見し育てていく部分と、集団にとって利益になるリーダーを選択したり支持したり、時には拒否したりできる力を育てる部分があります。

リーダーづくりは、リーダーの指導を通して行われるものですが、リーダーを育てることを目的としていません。リーダーを育てることを通しながら、リーダーのあり方や、集団にとって有益なリーダーを選ぶ力、リーダーへの協力の仕方などを学ぶことに目的があります。また、リーダー経験やフォロアー経験の積み重ねによって、個々の人格の形成につながっていきます。

〔話し合い（討議）づくりとは？〕

「話し合い」というのは、対話、討論、討議を内容としています。

対話は、教師と子どもとの対話、子ども同士の対話などが、実践的に展開されます。相互理解と世論の形成に大きな力を発揮します。

討論は、決めることを目的としない話し合いです。討論することで、考え合ったり、学びあったり、課題を共有したりします。対話も討論も、合意形成を育てるために使われることが多くあります。合意形成の方法をもっているということは集団にとって心強いことです。

討議は、決めることを目的として話し合います。事前の対話や討論が、討議の質、決定の質を高めることに生かされていることが多くあります。対話と討論、討議は相互に関連しあっているのです。それぞれが独立しているものでなく、相互に響き合い、「話し合いづくり」を形成しています。

「話し合いづくり」は単なるコミュニケーション能力の育成ではありません。また、決め方や話し合いの仕方を教えるということだけではありません。ここで、「話し合いづくり」とは何かということを整理してみます。対話・討論・討議を実践的内容とした「話し合いづくり」の目的は何でしょうか。

第一に、何よりも集団の民主性を支え、民主制（民主主義）を集団の中に確立させていくものであること。

第二に、集団の中の意思決定、合意形成をつくり出すものであること。

第三に、話し合いを基礎に、集団の中に起こるトラブルを解決していき、集団の中に規律やルールを育てていくものであること。

第四に、話し合いを基礎にして自主管理を育てていくものであること。

第五に、意見表明権の確立、言論・表現の自由、思想信条・良心の自由、結社・集会の自由の獲得など、子どもたちが自らの権利を自覚し行使できるようになること。

があげられます。

これらのことは、自治（自分たちのことを自分たちの力で解決したり、運営したりしていける）の基本と言えるものです。だから、「話し合いづくり」とは、集団にとって一番大事な「自治を育てる」ものであると言うことができます。

私たちは、民主的、自治的集団を育てることを「学級づくり」「集団づくり」と言ってきましたが、まさにそのことの実現は、「話し合いづくり」の中に見出されていくものです。

また、第五の権利行使については、「憲法」や「子どもの権利条約」に盛られている権利であり、権利を自覚し行使できる力は、未来社会を生きていく子どもらにつけていきたい力です。

「話し合いの指導」を進める際の課題は？

私たちは、日本的精神風土の中で育ってきました。欧米に比べ、自分の見解を述べ、討議・討論することに不慣れでした。

「言論の自由」「思想良心の自由」「表現の自由」といった「自由権」が大切にされはじめたのも戦後になってからのことです。「討議・討論」に不慣れな人々が多かったと思います。討議・討論する「話し合い」の力は、戦後の民主主義の成長の中で獲得してきた力ですが、まだまだ不十分です。そういう不十分さの中に私たちや子どもたちがいるとして、「話し合いづくり」を通して、子どもたちに教えたいこと、学ばせたいことにはどのようなことがあるでしょうか。

話し合うことが苦手だという場合や話し合うことを好きではないという場合、自分たちの問題を自分たちで話し合って決めるという当然のことを経験していないことがあります。話し合うことで解決した経験や、話し合うことの大切さを学ぶ経験などは、小学校時代に特に大事にしたいことです。

①自分たちがしたいことや考えたいことを決めていくためには、「話し合い」が必要であること。これは「話し合い」のもつ基本の意味です。
②「話し合い」は、決めるために行われることが多いが、決めるまでの話し合いが大事であること。話し合いで出されたことは、決めた後の実行過程や、実施後のふりかえりやまとめ、反省で生きてくるということも、教えたいことです。
③「話し合い」は決めることを最終目的としたものと、決めることを目的としないものとに分かれます。前者を「討議」と言い、後者を「討論」と言って、分けて使えるようにしたいです。
④「話し合い」を進める時に少数意見に耳を傾けることの大事さを教えていきたいです。なぜ賛成できないのか、理由を聞くことで自分とは違う考えに出会うことは、互いを理解し合ううえで重要だということを教えていきたいと思います。
⑤私たちは成熟した市民社会に生きていく力を保持しなければならないのだと思います。そのためには、成熟した市民社会のイメージを育てることは必要であり、さらにより高めていく学びに参加していけるように機会をもたなければならないのだと思われます。

民主主義は発展途上にあります。私たち大人も一緒に考えてみなければならないものだと思います。

【発達段階における「話し合い」指導のポイントは？】

それぞれの発達段階においてできることをさせていかないと、子どもの話し合う力は育ってきません。

発達段階を中心に考えた時の「話し合い」指導のポイント、あるいは指導目標とはどのようなことでしょうか。考えてみました。

〈低学年期〉
①何でも言えること。自分の考えを述べることを大事にすること。
②人の意見を聞くこと。聞いて自分の考えとの違いに気づくこと。
③やりたいことや考えてほしいことなどの発議・提案は誰でもできることを知る。
④質問したり、賛成、反対の意見（理由）が言えたりできる。
⑤賛成、反対、棄権などの意思表明をして決定に参加できる。

〈中学年期〉
①低学年期の五つのポイントを確かなものにしていく。
（さらに以下のものを加える）
②先生に手伝ってもらいながら、自分たちの発議・提案を、原案作成できるようになること。
③みんなで話し合って、内容をより良いものにするために、提案（原案）を直したり加えたりできるようになること。
④話し合う時に、少数意見を大事にして話し合うことができる。
⑤決めるタイミング、決める方法などについて、考えることができること。

〈高学年期〉

①中学年期の五つのポイントを確かなものにしていく。

（さらに以下のものを加える）

②発議・提案はいつでも誰でもできるようにし、原案作成も、自分たちであるいは一人でできるようにしていく。

③意見表明権を自覚し、行使できるようにしていく。

④表現の自由、思想信条の自由などの自由権を自覚し、行使できるようになることを目指す。

⑤話し合いの仕方や民主主義について学び、自分たちの問題として考えていけるようにしていく。

「話し合い（討議）づくり」の発展は？

今までの「班・グループの発展」「リーダーの発展」と同じように、「話し合い（討議）づくりの発展」がどのようになるのかを考えてみました。

やはり、提案の仕方や決め方などには一定の順序性というものがありそうです。集団の発展段階との中で、「話し合い（討議）づくり」の順序性というものを明らかにしていけたらと思いました。試案として提案しますから、検討してみてください。シリーズ2『リーダーを育てよう』（一四九頁）に掲載した『集団づくり指導プラン』に「話し合いづくりのポイント」を加え、完成させたものです。

Ⅲ期（自治の確立期）	Ⅳ期（自治の発展期）
班長会やリーダー会が集団の実質的なリーダー機関として確立してくる時。	リーダー経験をもつ者たちが、新しい班長やリーダーを支えることができる時。
①学級分析ができ、班長会やリーダー会で学級の活動内容と指導内容を考えることができる。 ②たえず学級の視点に立ち、自分の班やグループだけでなく、他の班・グループや学級全体を指導できるようになる。 ③次の班長を自分からつくり出すことができる。	①リーダー経験をもつ者たちは、班長などの役になくても、班長やリーダーたちを支えることができる。 ②リーダー経験をもつ者たちは、班長会やリーダー会に対して必要な協力をすることができる。 ③リーダー経験をもつ者たちは、全校、家庭、地域の取り組みにすすんで参加していくことができる。
●リーダーの中心となる子たちへの個別的接近（通信・対話等）を強める。	●リーダー経験をもつ者たちと新しいリーダーたちとのリーダーサークルを形成する。
●班長が班をつくるか班長会が班をつくる。 班長は立候補者の中から選挙で選出。	●班長会が班をつくる。 班長は立候補・推薦で選出。
●問題別小集団の活動を発展させたり、取り組み領域の拡大をすすめたりする中で、学級の活動内容を発展させていく。	●全校や学年、家庭、地域への取り組みを恒常的にすすめていく。
①班長会だけでなく、班や係、グループや実行委員会、個人などからも原案が提出できるようにしていく。 ②少数意見を尊重しつつ、実行に移していくための多様な合意の仕方を学ぶ。参加の拒否や保留なども教えていく。 ③思想信条の自由、表現の自由、結社・集会の自由など、市民的・自由権的基本権を自覚し、行使していけるようにする。	①発議、提案、原案作成を誰もができるようになっていく。集団は、多様な提案を受け止めていくことができる。 ②決め方が集団のルールとなっていく。どのような議題に対してどのような決め方がふさわしいか、互いにすぐ承認することができる。 ③民主的集団における討議・討論はどのように発展させていったらいいのか考えていくことができる。

集団づくり指導プラン（案）

段階 項目	Ⅰ期（よりあい期）	Ⅱ期（自治への移行期）
	何よりも班長やリーダーの「やる気」が大事な時期。	班長たちやリーダーたちが仕事の困難さや、仕事の大切さを自覚してくるころ。
班長（リーダー）指導の順序性	①班やグループを代表して発表したり、班・グループの先頭に立って行動したりできる。 ②簡単な仕事の仕方、会議の仕方、決まったことの実行の仕方の基本を覚える。 ③班やグループの利益に敏感で、班・グループのメンバーの不利益に黙っていない。また、班やグループの名誉を守ろうとする。	①自分がいつも先頭に立つのでなく、班やグループの人を動かすことができる。 ②班やグループの人に仕事を具体的に分担し、仕事の結果を上手に評価できる。 ③班やグループの利益だけでなく、学級全体のことを考えることができるようになる。
〈留意点〉	●リーダーの予想と発見をすすめる。	●班がえ、班長選挙などを通してリーダーの改廃をすすめる。
班長選出と班編成	●教師が班をつくる。 班長は班内互選。	●班長が班をつくる。 班長は立候補・推薦で選出。
班づくりのポイント	●生活目標の取り組み、係・当番、学習、遊び・文化活動など、班やグループを中心とした取り組みを重視する。	●学級の統一目標や共に進める学級活動や文化活動をめざした学級全体の共同へ転換していく。
話し合いづくりのポイント	①発議および提案は、誰でも行うことができる。原案を作成していくことは教師の力に負うことが多い。 ②重要事項は、満場一致を原則とするようにしたり、複数回採決制をとるなどして、討論を深めていく方法を知る。 ③どのような発言も認められること、誰にも遠慮せずに発言できることを教えていく。そして何よりも意見表明することの大事さを教える。	①教師だけでなく班長会で原案作成を行えるようにする。その場合、教師＋班長会や班長会＋教師という方法もとることができる。 ②満場一致にするか、複数回採決をとるか、多数決にするかなど、決め方についての合意をとることを学ぶ。 ③決めることを目標としない「討論」にも慣れていき、討論によって「合意形成」を深めることや討論から「決議」を引き出してくることも学ぶ。

② 実践記録（第2章）から〈話し合いづくり〉の魅力を学ぶ

三人の方の実践記録をていねいに読みながら、「話し合いづくり」とは何かを読み取っていきたいと思います。そして、学級づくりと「話し合いづくり」における教師の指導性を考えていきたいと思います。また、実践というものは、それぞれの学校がおかれている環境・条件や地域性の中で育まれていきます。そして、それぞれの先生がもつキャラクターも、大きく実践を左右させます。そんなおもしろさも読み取ってみましょう。

何でもみんなで話し合い、自分たちの生活と学習をつくる
——『ハル一番の風がふく』（風野みさき）を読む

美しい自然に囲まれた北海道。日高町にある小さな小学校。その中の二年生一一名、三年生が二名の複式学級の実践。

この物語の主人公は、ハルです。ハルってどんな子でしょうか。ハルを取り巻く仲間はどんな子たちでしょうか。

そして、風野先生って、どんな先生でしょうか。

Q●ハルってどんな子なの？

ハルは、二年生。小柄な男の子。落ち着きがなく、まわりとトラブルをよく起こしていたと、前の担任からの引継ぎで聞いていました。多動な男の子で、ＡＤＨＤの傾向を強くもっている子だということが、その後の行動でわかってきます。五月の生活科の帰り道、「一番でなきゃ、いやだ」と叫びます。ＡＤＨＤ特有の子どもたちによく見受けられる姿です。

この子が、風野さんの実践記録の柱になっている子どもです。始業式の朝、子どもたちが職員室に入ってきた時も、ハルだけがいませんでしたが、始業式が終わると「よろしくお願いします」と風野さんに握手を求めてきました。素直でかわいいところのある子です。

Q●学級の子どもたちは？　学校は？　地域は？

学級は、二年生が一一名、三年生が二名の複式学級です。全校生徒の規模も四〇名前後というところでしょうか。北海道の日高町にある小さな学校です。雪解けの水が流れる沙流川の光景から四月がはじまります。

そのあとも要所、要所で日高の自然の様子に触れられていて、きびしくも美しい自然の中で過ごしている子どもたちと先生の姿が目に浮かびます。実践記録の中に登場する地域の人たちも、のどかな自然の中で、おおらかに子どもたちを見守っているように受け取れました。

そんな環境からこの実践は生み出されました。実践にとって環境とは中身を左右するものです。ですから、みなさんも、自分の学校の環境を見つめ直してみましょう。実践のヒントが見つかるはずです。

Q●風野さんの「話し合いづくり」とは？

風野さんは、できるだけ何でもみんなで話し合っていこうとしています。子どもの身近なことで関心の強いこと、話し合うことが可能なことは何でもです。話し合いの大切さを教えていくということでは大事なことです。

はじめに、風野さんは、「どんなことをしたいですか？」と子どもたちに呼びかけ、「みんなでやりたいことを一緒にやっていける、提案できる楽しいクラスにしていきましょう」と言っています。そして、この呼びかけ通りに、風野さんは「話し合い」の実践を進めていっています。

第一回目の学級会は、席と生活班の提案でした。話し合いが終わった後に、「私は誰でしょうクイズ」ゲームで盛り上がっていました。レク集会というものは、集団の一体感をもつことに役立ちますし、話し合いのためにも欠かせない自由で前向きな雰囲気をつくり出します。学級会の前後に歌やゲームで雰囲気をつくり出すという方法は今までも大事にされてきました。

第二回目の学級会は、やはり教師からの提案でした。図工の時間にやることをわざわざ学級会を使って話し合うことにしました。

私たち大人から見れば「生活」に関することと「学習（授業）」に関することは別の次元でとらえることができるでしょうが、子どもの目で見れば、生活も学習も、同じです。生活する自分と学習する自分を分けて考える必要はないのです。席を決めるのと、図工でやることは、どちらも関心が強いことであるわけですから、同じ次元で考えていけるのです。

風野さんは、「席」や「生活班」を決めることも「図工でやること」を決めることも、子どもにとっては大事なことであり、同じレベルの事柄だととらえています。子どもの関心の高いことには、提案し決めていく方法を貫こうとしています。

Q●図工の中身も提案？　生活と学習を結びつける？

風野さんのクラスの子どもたちは、図工時間の内容と取り組み方を学級会で話し合って決めることによって、より主体的に学習参加していくことができるようになりました。また、生活と授業を強く結びつける結果になりました。

四月当初、転校生のユウさんを取り巻いて遊ぶ子どもたちの輪の中にハルはいませんでした。ハルはユウやみんなには関心をもたずに、休み時間は、パソコンルームへ行き一人でゲームをしていました。そんなハルの様子を見て、風野さんは、図工の時間に三人グループをつくって段ボールの小屋づくりをすることを提案したのでした。

結果、ハルを巻き込んでの今までにない遊びに発展しました。生活と授業（学習）を結びつけることができました。取り立てての話し合いが功を奏したのだと思います。「話し合い」の力です。六月になっても段ボールの小屋は建っていたということですし、さらに大都会づくりという図工の授業に発展していっています。すごいことです。

Q お花見も提案？　自分たちの生活をつくる？

そうなのです。お花見の提案もありました。五月の連休のはじまりの頃、北海道にも桜の花が咲きました。「せんせい、お花見したいよ。お花見しようよ」真央さん、あきさんが先生に言ってきました。こうした形が、発議とか発案とかいうものです。提案のもとになるものです。風野さんは、子どもの願いを受け止めて具体的な形にしようとします。

「どんなお花見をしたいの？」という質問からはじめて、輪郭をつくっていきます。「みんなで遊びたい」「敷物しいて、おやつ食べたい」などが内容として出てきました。そのまま帰りの会で提案させました。この時の提案は簡単なもので、口頭で行いました。

「今日、お花見やるから、おやつ持って、グラウンドに集合してください」

子どもたちがしたいことを並べただけですが、こうやって発議から提案にもっていけるということを学ぶことができました。

次の日、日記にお花見が楽しかったと書いている人がたくさんいました。朝の会で紹介して、花見の会を提案してくれた真央さんとあきさんに「やってよかったね」と声をかけています。やりたいことを言うことやみんなに提案していくことの勇気、実現できたことのよろこび、みんなからの感謝などは、希望や要求を出すこと、話し合って決めていくことの大切さを教えます。

自分たちの生活を自分たちで考えてつくり出していくというのが、自治集団の基本となることですから、大事なことを学んでいることになります。

Q ハルさんのポイントカードって？

六月、運動会の練習がはじまると、ハルが落ち着かなくなりました。なりたかった応援団に選ばれなかったこともあってか、エイサーの踊りやかけっこでも落ち着かない様子が見られました。そこで、風野さんは、ハルさんなりの努力を認めたいと、ポイントカードを作ることにしました。

「怒って人をたたかなかったら1ポイントあげる」そして「20ポイントたまったらマリオキャラクターのカードをもらえる」ということを決めました。学級のみんなも承知し一緒のテーマで取り組む子も出てきます。

決めた経緯は書かれていませんが、他の子たちの承認があることは重要です。学級の中で取り組まれることはみんなが承知している、承認、賛成しているということが、守っていく力になります。帰りの会などで、ハルの頑張りを見つけてくれたり、変化をほめてくれたりできています。このことは、ハルをはげましてくれています。

Q 全校夏祭りのマリオダンスは、どうなる？

一学期の終わりの夏祭り。「出たい人は出し物に出ることができます。どんな出し物をやりたい？」学級会を開き、出し物を決めました。ハルは、マリオダンスがやりたいといいました。縄跳びをやりたい、ダンスがやりたいなどの意見もありました。

こんな時、一つに決めにくいものです。風野さんは「意見が分かれているけど、どうする？」と子どもたちに投げかけます。すると、「好きなことをするのがいい」と子どもたちの返答。風野さんは「みんながそれでいいなら、そうするね」と判断。子どもたちの願いを分断することなく、どの意向も生かすことを選びました。

こうなると、マリオダンスを提案したハルはどうなるのか心配です。マリオダンスに出たいというのは、ハルだけ。どうなるのだろう。その後の様子をうかがいます。「マリオダンスやろうぜ」とあいさんに近づきますが、「ハルは勝手に踊るだけだから」ときっぱりと断られました。この後もどうなるか心配しましたが、意外にも陽子、真央の二人がマリオダンスの仲間に入ってきました。しかし、話し合いがはじまっても、ハルは全く話し合いに参加しません。ダンス練習のはずが、ハルはマリオの絵を描いているばかりです。「そんなに絵を描くことが楽しいの?」という問いにうなずくハルを見て、「マリオペープサートにしたらどう? 持って踊れば」と、助け舟を出します。ハルは「いいねー」と風野さんのアイデアに賛同します。二人の女の子も賛成し盛り上がりました。

マリオの音楽にあわせて、ハルがペープサートを動かす。その動きをまねて、二人も動かす。ただマリオを動かしているだけだけど、一緒にやりたいという人がどんどん集まり、ついに本番はハルとともに女子全員がステージに立つということになったのです。

もちろん、マリオダンスの提案者のハルは大満足したに違いありません。同時に、マリオの提案が生かされ賛同し、出演した子どもたちが多くなったことで、ハルの評価も高まり、ハルの自己肯定感につながっていったのではないでしょうか。

学級会の話し合いでハルの思いをつぶさずに決めたあと、ハルをフォローしていった風野さんの指導力に注目しました。特に、状況を見ながら、柔軟な対応を展開できる柔らかさには感心させられました。

Q●ハルとの対話による出会い直しは？

夏休みが明けました。風野さんは、二学期には、あそびをはやらせたいという目標を立てました。そのために、一学期の実践の流れから学級内クラブ活動をつくりました。虫クラブ、まんがクラブ、縄跳びクラブです。ハルは、まんがクラブ。その後、放課後プールクラブができ、陽子さんに誘われメンバーになりました。

やがて、ハルも含めて、大人数で遊ぶ子どもたちの姿が見られるようになりました。子どもらの関係は網の目のように張りめぐらされていったと思われます。あそびを通して、子どもたちのつながりを深めていくことに成功しました。

そんな時期に行われた学習発表会。

練習する頃からハルは落ち着かなくなりました。発達障害傾向の強い子には、よく起きる不安定さです。課題に押しつぶされてしまう場合があります。やらなければ、できなければと思うほど、精神的に追いつめられていくのです。

音楽室に入るとイライラしたり、机をガタガタさせたり。さらに、別の要因も加わって、ハルの緊張感は、限界に近くなっていきました。机をガタガタさせるハルをいつもより強く叱りました。すると、ハルが突然声をあげて泣きました。声を出して泣くなんてはじめてのことだったので、その異変に風野さんは驚き、ハルを見つめます。

そして、新たに加わった別の要因に気づくのです。別の要因とは朝、学校へ来る前に、お兄ちゃんと家でケンカしたことだったのです。隣の子が教えてくれました。

その時の場面での風野さんの対話による指導は秀逸です。

「ごめんね、ハルさん。そんなことも知らないで怒って。どんなことがあったの？」

私はのぞき込んだ。ハルが、涙と鼻水をふきながら、

「お兄ちゃんに置いていかれた。腹がたったから、石を投げてやろうと思った」

と、つぶやいた。それでか、教室に小石が一つ、落ちていた。朝の会の後に、子どもが小石を拾ってきたのを思い出した。

「よく投げなかったね。ガマンしてたんだ」

マリオカードを渡した。

風野さんのハルに対する理解が伝わってきます。

ハルのイライラの原因は、学習発表会の取り組みに対するプレッシャーです。それならば、いつものように対処できます。しかし、この日は別の要因も加わったのです。それに気づくことができたことが素晴らしいです。

あくまでも相手の心をつかもうとする対話の展開によるものです。

「よく投げなかったね」「ガマンしてたんだ」という声かけは、どれだけハルの心を揺り動かしたでしょ

うか。ハルは、風野さんと、より強くつながることができたのだと思います。

風野さんも、今まで以上にハルの気持ちによりそえたのだと思いました。二人の間の新たな「出会い直し」を感じました。大きな収穫です。

Q●その後のハルさんの成長ぶりは？

学芸会が終わり、一一月。またいくつかのクラブが生まれました。

ハルは「新マリオクラブ」をつくりました。お誕生日の人の前でプレゼントと一緒に踊るというクラブです。以前、マリオクラブ、マリオダンスに加わってくれた陽子さん、真央さんが入ってきて、さらに元気が出てきたのだといいます。一一月は、ハルとよく遊ぶマサさんの誕生日でした。最後のマサさんの誕生日のシーンは、ハルの成長ぶりを十分に伝えてくれています。

子どもたちの思いを実現させていくために、話し合いを大事にしてきたこと。一人ひとりの願いを大切にし合うことを通して、互いにつながりを育ててきたことなどが、よく伝わってきました。納得です。

ハルへの目線の優しさは、抜群です。気づかれていたでしょうが、風野さんは、ハルのことをくり返し「ハルさん」と記述しています。そこに、風野さんのハルへの共感的な目線を感じ取ります。

子どもを上から目線で見ない。子どもと話し合いをする、子どもと対話をするという時に、忘れてはいけない大事な視点ではないでしょうか。また、子どもにとっては、何でも言っていいという解放感も大事です。低学年期ですからなおさら、どんなことを言っても聞いてもらえるという意見表明への安心と自信を大切に育てたいものです。

「対話」と「話し合い」で子どもの自立を育てる
——『王子様の夢はトモダチ』（丹野清彦）を読む

学校の東に大野川、北側に豊後水道、遠くに由布岳。四月のはじめには桜と新緑。そんな自然に囲まれた学校での心温まるお話。いくつもの対話の中に、子どもと先生の息遣いが聞こえてきます。日本のいろいろな場所で、日々子どもたちのよろこびや悲しみが交錯していますが、私たち教師は、どのようにしたら、子どもたちの心と触れ合い、子どもの力になってあげられるのでしょうか。子どもの心によりそうとはどのようなことなのでしょうか。

対話と話し合いの大切さを追いかけてみたいと思います。

Q●王子様？　小次郎くんとの出会い

王子様？　王子様なんて、どこにいるのでしょうか。自分のことを王子様なんて思う子がいるのでしょうか。ほとんどいませんね。いたとしたらずいぶん甘やかされ育った子どもでしょうか。

丹野さんの話の中には、王子様がいます。それは、小次郎くんです。小次郎くんは、小さい時からぜんそくに悩まされている子です。夜もなかなか眠れず、朝起きるのが大変だということです。母親は「かわいそうで起こせません」と言います。だから遅刻もお休みも多かったようです。前学年の先生からは、そればかりでないことを聞きました。

「一年の時は、教室を抜け出して、どこかに隠れた。二年の時は、いつも保健室で寝ていた。三年の時は教室にいるようになったけど、立ち歩いていた。」

というのが、小次郎くんの前歴でした。やがてすぐに、丹野さんは、小次郎くんの大変さと遭遇しました。

遅れてやってきた小次郎くん。机にランドセルを置き、そのままうつぶせて寝てしまいました。丹野さんは、いろいろ声をかけてみますが、小次郎くんは、丹野さんの指示には簡単に従いません。他の子たちは、丹野さんと小次郎くんのやり取りを、きっと興味津々見つめていたのでしょう。丹野さんも、他の子たちの目を意識しながら、小次郎くんとのやり取りを展開していきますが、なかなか思うようにいきません。その後も、しばらくは、指導が通らないという形で、成果の出ない問答が、くり返されていきました。

Q● 王子様？　対話の入り口

さて、このような状況であったら、みなさんはどのようにしますか。丹野さんの立場に立って一緒に考えてみましょう。丹野さんは、二つのことを考え、並行して、実践に移していきました。

一つは、「言葉」です。言葉で表現できることの大事さを考えました。きっかけは、五月はじめの小次郎の起こした噛みつき事件でした。「言葉が少なくて、うまく言えないから噛みつくのでは」「言葉で表現できれば、噛みつかなくなるはず」と考えました。

そこで、授業では考えをノートに書く、生活では一日の出来事を俳句で表現する、今日一番良かったことを帰りの会で順に発表する場面をつくることなどを考えました。言語表現力の弱さは、小次郎のことだけではないと考えた部分もあるでしょうが、とりわけ、小次郎の言語表現力には注目したということです。

もう一つは、「対話」です。小次郎との対話を、一方通行なものでなく、相手の心に届くようなものにしていこうと考えました。そのための切り口をつくるために工夫をしてみました。それが「王子様」です。「王子様、本とノートを出していただけませんか」と、ていねいに語りかけた一言は、小次郎の心をつかみました。「誰が王子様?」といぶかしそうに聞きます。「はい、もちろん小次郎様です」「じゃあ、先生は?」「できれば大臣くらいに」といった問答で、小次郎の心がほぐれていきます。

丹野さんと小次郎だけの親密な世界をもつことで、信頼関係が育っていったのです。一週間後、小次郎は、「先生、こんなに長くせっとくしてくれてありがとう。ぼくは、こんな先生ははじめてだよ」という書き出しの作文をメモにして渡してくれました。丹野さんは、「王子様」で、対話の入り口をつくることに成功しました。

Q● 小次郎の自立へのプログラム?

小次郎の家は、お母さんと高校生になるお兄ちゃんの三人暮らし。お母さんは夕方七時まで働いている。ぜんそくがひどい小次郎は外出禁止。ゲームで遊んでいた。

帰り道にふらっと小次郎の家に寄った時の記述です。こんな小次郎に丹野さんは語りかけ、一つの提案をしました。

「なあ、今度稲垣くんの家へ行ってみらん？　あいつの家は、庭に穴を掘っていて楽しいよ」

稲垣くんの家へ家庭訪問に行った時、庭にブルーシートがあって、お母さんに聞くと、「（稲垣くんが）趣味で庭に穴を掘っている」「将来は、考古学者になりたいらしい」ということでした。丹野さんは、小次郎と同じ、友だちのいない稲垣に注目。「小次郎とくっつけば、ひとりぼっちはいなくなる」と思いを巡らせました。

小次郎が自立していくためには、丹野さんと小次郎の、二人だけの対話では、限界があります。「小次郎を外の世界へ連れ出し、友だちと遊ぶ楽しさを体験させたい、子ども同士の世界をつくりたい」というのが、丹野さんの考えたことでした。

Q●小次郎との出会い直し？

六月になって、小次郎と一緒に、稲垣くんの家に行く約束ができていました。その日、待ち合わせの場所に、小次郎は現れませんでした。丹野さんは失意を隠せません。翌朝、「なあ小次郎、昨日はずっと待ってたんだよ」「何か、大事なことでもできたのか」とたずねる丹野さんに無言の小次郎。

丹野さんの次のひと言。

「責めてるんじゃないんだよ。まだ、ぼくらは本当のことを話せる関係じゃないのかい」

この言葉で、小次郎は口を開きました。

「母さんが、急に休みになった」そして、ノートに「ぼくは、ホームセンターに行った。ごめんなさい」と書きました。「それで、幸せだったのかい?」という丹野さんのつっこみに、「すみません。でも、ぼくはしあわせだった」と正直に書きました。「ぼくらは本当のことを話せる関係じゃないのかい」という語りかけが、小次郎の心を揺さぶり、真底の気持ちを表現させたのだと思います。

丹野さんの語りかけは、対等な立場に立つ二人の信頼関係を表現していたのだと思います。それが、小次郎に伝わったのだと感じました。

Q● 小次郎と稲垣くんがつながる?

次の週、また待ち合わせて、丹野さんは、小次郎と稲垣くんの家に行きました。未来の考古学者と小次郎。二人は、しばらく黙って穴を掘り続けました。

「これが遊びの世界なのか、ちょっと首をひねったが、はじまりだと言い聞かせた」と書かれていますが、その通りで、その後、二人の交遊は深まっていきました。

次の日、小次郎に「昨日はどうでしたか」と話しかけると、メモ帳を取り出して、気持ちを綴ってくれました。

「せんせいうれしい。だって車にのせてくれたから。ちっこいクルマだったけど、のりごこちは、せかいいちだった」
「ぼくは学校よりとおくに行ったことがない。大人は、やくそくをまもるとは、あんまりおもっていなかった。かあさんは、ちょっとね。でも、しょうがないんだ」

今回も拙いながらも、しっかりと文章にしています。これは、言語表現を大事にしてきたからです。自分の思いを言葉にして人に伝えることができることを小次郎にも他の子たちにも求めてきたからです。あえて、メモや文章にすることを、丹野さんは、小次郎にも求めたのだと思います。言葉で補うことはさせたと思いますが、どんなに拙くてもいい、書き言葉として表現することの大事さを子どもたちに教えていたのだと思います。

書き言葉の習得によって、話し言葉も獲得されていくことを知っていたからです。また、対話というものは、話し言葉だけでなされていくものではなく、書き言葉による対話の方法というものは、私たちの身の回りにもたくさんあります。いわゆる「ノート」を使っての対話という方法も重要です。話し言葉は消えていきますが、書き言葉は残ります。それぞれのもつ特徴を知りながら、対話の方法を工夫していきたいものです。

そういう意味からも、丹野さんの書き言葉を使っての対話の仕方に学ぶべきところがあると感じています。

さて、最後の丹野さんの記述の意味は深いと思います。「かあさんは、ちょっとね。でも、しょうがないんだ」という文章に、「どういうこと」と丹野さんは聞いています。しかし、「これ以上は言えない」と小次郎は答えました。その時の丹野さんの、最後の記述に注目です。

私は、小次郎の背負っているものを感じた。いつか彼が話してくれる日を待とう。

対話とはこうありたいと思いました。

Q 小次郎の背負っているもの?

あともう少しで夏休みという時、カブトムシの「アトラス」が死にました。明美さんのお父さんからもらったカブトムシ。「アトラスを守る会」をつくって、多くの子どもたちで育ててきました。小次郎も明美もグループに入っていましたし、アトラスはクラスの人気者でした。

緊急学級会が開かれ、アトラスのお葬式をすることになりました。念入りに準備をして式を迎えました。子どもらは本気です。お経をあげ、弔辞を読む。子どもたちの多くが泣く中で、小次郎は、窓の外の遠くに見えるドームを眺めていました。

丹野さんは「どうして泣かないんですか」と声をかけました。すぐに言葉が届きません。新たな言葉を探し、「涙は枯れてしまったんですか」と聞きました。そこで、小次郎は口を開き、丹野さんとのやり取りがなされました。

「泣けんのや。涙が出らん。涙は使い果たしたんや」

「使い果たした……いつ?」

「それは、言ったらいけんって、母さんに言われてる」

と言った後に、付け加えました。

「本当は言えんけどな、父さんが、おれの家を出て行く時に涙を使い果たしたんや。父さんはおれのゲームソフトまで売り払ったんや」

と、ポツリ、ポツリと語りました。


「いつか彼が話してくれる日を」と待っていたその時が来たのでした。再び、丹野さんと小次郎の出会い直しが、ていねいな対話の中で生まれたのです。

大人と子どもでも、子ども同士でも、対話が成り立つためには、相互の関係性が決め手になりそうです。言える関係、言い合える関係、認めあえる関係、なんでも承認しあえる関係、どんな発言も受け止めてもらえる関係などです。

また、対話の成立が、相互の関係性を育てていきます。

Q 対話や話し合いによって、友だちの輪が広がる?

二学期がはじまり、小次郎を見つめる丹野さんの視点も、大きく学級の中に広がっていきます。

「きみは、いろいろなことを人生で経験してきているやろ。大城にも同じような悩みがあるんや。先輩として相談にのってくれないか」という丹野さんの声かけに、小次郎は応えていきます。おばあちゃんと暮らしている大城くんの力になれるまでに成長した小次郎を誇らしく見つめます。

小次郎と稲垣くんの関係の中に大城くんが入って、どろだんごづくりをしました。それをきっかけにあそびのクラブがいくつも生まれ、やがて「帰りの会」が、要求を出したり、要求を調整したりする話し合いの場になっていきます。

ルールを決めたり、トラブルを解決したり、学級の子どもたちにとって、大事な話し合いの場になっていきました。「帰りの会」は、臨機応変、いつでも「学級会」に変わりもしました。

そんな小次郎の変化の中で、小次郎への周辺の目はきびしくなり、率直な要求が生まれていきます。運動会が終わって、由布岳が白く見えはじめた頃と言いますから、一一月の終わり頃でしょうか。壺山が、「小次郎が本しか出さん。ガツーンと怒ってください」と言ってきました。そこで、大谷、壺山、稲垣と丹野さんとで話し合いをしました。

次の日、それぞれの考えを実行してみることになりました。まず壺山が、小次郎の前に立ち、強圧的に本とノートを出させようとしましたが、小次郎は無視しました。次に、大谷がやさしく対応しますが、やはり、ダメでした。最後は稲垣。

「きみは親友として語ってくれ」という丹野さんのアドバイスを受けて行動します。小次郎がノートを出しました。

稲垣が小次郎に何を語ったのか。

帰りの会で、小次郎は、みんなのリクエストに応えて、稲垣に言われた言葉を、披露しました。「きみは、ぼくの大切な友だちだよ」「ノートを出そうよ」と言われ、ノートを出したのだと言いました。「稲垣くん、ありがとう」の小次郎の素直な言葉に、拍手が起こりました。そして、次の日から、「小次郎くん、きみはぼくの大切な友だちだよ」という声かけで、教室がいっぱいになったといいます。

子どもたちが、対話と話し合いによって、互いに信頼できる大きな仲間に育っていっている姿が見えました。

「話し合い」で共同の世界を拓く
――『ミュージカル・未来へのとびら』(牧野幸)を読む

熊本城が向かい側にあり、教室の窓から城の石垣が見える。時々、街を走る路面電車の音が聞こえ、歴史と趣を感じる学校。それが牧野さんの学校です。

学校のある「一新の町」を舞台に、「ミュージカル・未来へのとびら」をつくり出します。地域、保護者とつながりながら、学年全体で取り組んだスケールの大きな実践です。

討論・討議といった「話し合い」を育てることで、実践が大きくふくらんでいきました。学校生活や学習活動をつくり出す「話し合い」に注目して、学んでいきたいと思います。また、当然のことながら、実践が育てた子どもたちの姿を見ていきたいと思います。教師の指導性に着目しながら。

Q●この実践の主人公は？

この実践の主人公は誰でしょうか？　実に数多くの子どもたちが登場してきます。名前で登場してくる子どもだけでも数多いですが、二クラスの子どもたち総勢六〇〜七〇名でしょうか。さらに、先生たちや地域の人たちが登場しています。

実践をリードしているのは、牧野さんに違いないですが、牧野さんだけの力でないことは他の先生方の動きを見ればわかります。二組のひとみ先生や音楽専科の先生、そして実践を後押ししてくれた校長先生や他の先生方、保護者の理解と協力があってできあがった実践です。

そして、何よりも、実践をつくり出しているのは子どもたちの力だということも、わかります。原口やかなこを中心としたリーダーたちの活躍は目を見張らせるものがあります。また、不登校傾向にあった初枝、困難な課題をもっていたという前田の成長・変化も注目に値します。

でも、リーダーたちの動きや初枝と前田の成長を支えたのは、学年集会を軸にした「話し合い」に参加して、実践の主体者になりきった学年の子どもたちです。とすると、この実践の主人公は、学年の子どもたちみんなということができるのではないでしょうか。

Q●どのような子どもたちがいたのでしょうか？

実践を分析・評価していく時に欠かせないのが、どのような取り組みの中で、どのように子どもの変容をつくり出したかという視点です。

その視点が欠けていたのでは、活動主義的なものになってしまい、多くの人の納得は得られません。

そのためには、何よりも「子ども分析」が大事になります。では、牧野さんは実践を進めていくにあたって、実践の主体者となるべき子どもたちをどのように見ていたのでしょうか。学年集会の中で、子どもたちに語らせている場面があり、記録に留めています。

「元気がいい」「外遊びが好き」「歌や踊りが好き」「音楽が好きな人が多い」。それが五年生の子どもたちのイメージだったのでしょう。ミュージカルに取り組ませるには、もってこいの条件です。

リーダーたちの姿もとらえています。原口、かなこ、まなみ、のあ、ユキ、まさと、きら、ななこたちは積極的に発言し、話し合いを豊かにしていく力をもっています。定例の学年集会をはじめ、実行委員会などでの話し合いも、リーダー的な子どもたちに支えられて成立していきます。

Q●誰に注目しながら実践を進めたのでしょうか?

「明るく元気で活発なリーダーもいたが、不登校傾向の子どもや困難な課題をもつ子」がいたと、はじめに記しています。

初枝と前田だということがわかります。初枝については、今までの引継ぎもあり、学年はじめの頃から意識していたことがわかります。初枝の要求は何か。子どもたちは初枝をどのように見ているのかを知るため、新学期当初の班長会で学級のリーダーたちと話し合っています。

「初枝のことや学級のことについて議論できる。この子どもたちとなら、楽しいことができそうだ」という感触を得ました。このことは、ミュージカル挑戦への意思を強くさせた背景の一つになっています。

ミュージカルを作り上げていく過程では、いつでも、初枝がどう考えているか、どのように取り組んでいてくれるかを意識しながら、進めていっています。

やがて、転校生だった前田の問題が顕在化してきますが、一〇月の脚本づくりを終え、役決めに入る時には、問題行動をくり返す前田に、特別に注目します。このあたり、初枝、前田に対する個別的接近、対話がていねいになされています。

文化活動・行事の実践は、全体の雰囲気や見栄えや楽しさに流されてしまいがちです。個々の子どもの成長・変化といった変容に目を向けることができないと教育的な意味は半減します。文化活動・行事の実践は、できたことで様々な効果は見えてきますが、子どもに与えた力を見極めることは重要です。

特に課題を抱えた子どもたちにとって、どのような成長・変化をもたらすことができたのかということを追うことです。ということは、実践を進める過程で、そのことを意図的に追跡することが重要です。そのためのレールを敷くのは教師の役割です。

Q 子どもからミュージカル

四月末になるのでしょうか。校長先生から夢体験事業への応募の話をもちかけられた時に、牧野さんが、まず頭に思い浮かべたのが「ミュージカル」でした。以前の学校で全校ミュージカルに挑戦した経験がありました。曲作りは、牧野さんの得意とすることでしたし、子どもたちもそのことを知っていました。五年生の様子からすればやれないことはないと考えられます。しかし、演じるのは子どもたち、実践の主体者は子どもたちです。

ミュージカルを成功させるためには、子どもたちの集中した力が必要です。総合的学習時間の中に組み込んで、調査、発表等の学習を経て、作り上げていかなければなりません。長期にわたる取り組みになるということからも決して簡単なことではありません。子どもたちの知恵や根気強さが必要です。しかも、二学級が一緒に取り組んでいくわけですから、難しさは当然です。

学年の先生と音楽の先生との会議からスタートしました。「ミュージカルなら、子どもをやる気にさせ、子どもたちが主役となる学校ばつくる原動力になると思うとですたい」牧野さんは熱く語りますが、学年の先生や音楽の先生からは、「無理にさせても、成功しないばい」「子どもたちから、ミュージカルをぜひやりたい、というのであれば」という注文が出ます。

子どもたちがその気にならなければということがまず求められました。そして、長い間の取り組みを背負うリーダー集団の覚悟が求められます。牧野さんは、それらを、学年集会を軸とした「話し合い」に託しました。

Q● 話し合いはどのように？　リーダーたちの活躍

テーマは「今年の総合学習でどんなことをやりたいか」。まず、みんなの意見を大事にするために、一人で考えた後に学級の班で意見交流し、最後に、学年討議にもっていきました。

「おもしろい劇をする」という原口の発言に、「劇すっと？」と大勢の子どもたちが驚きと期待の反応。かなこが「歌も入れよう」と言うと、「それじゃあ、ミュージカルだな」とななこ。期待した通りの展開です。リーダーたちの発言に触発され、子どもたちがその気になっていきます。何人かの子どもの発言が続き、子どもたちの反応は最高潮。最後に全員一致で、ミュージカルをすることに決まりました。

牧野さんが、歌を作曲する先生だということを知ったうえでの子どもたちの声だったと思います。「先生、私たちと一緒につくろうよ」という子どもたちからの期待の込められたメッセージが送られたということです。

話し合いをリードするのは、学級や学年のリーダーたちです。もちろん、それがみんなに納得されたり支持されたりしてはじめて成立しますが、リーダーたちの意見は全体の世論を大きく左右させます。リーダーたちは、みんなにとって利益になることを見つける力があるからです。

だからきっと、一組の学級のリーダーであり、学年にも影響力をもっている原口やかなこ、ななこたちとの事前の対話、おしゃべりが何らかの形であったのだろうと予想できます。それは当然、あっていいことだと思います。話し合いを実のあるものにしていこうとするのは、教師の仕事です。いくら教師がアドバイスしても、それが、集団の気持ちや要求に合っていなければ、決定に関わることはありません。

牧野さんは、「そうですか。先生も頑張りますよ。でもね、ストーリーやアイデアは、みんなが考えるんですよ」と、みんなにエールを送りました。学年の中心になるリーダーたちへの覚悟も求めたのだと思います。

Q●「話し合い」を支えた実行委員会

全員一致でミュージカルに取り組むことが決まったのが五月。そのあと、どのようにして一〇月の脚本づくりまでたどり着いたのでしょうか。いろいろな苦労や工夫がありましたが、終始大事にしていたことは、学年集会や実行委員会での「話し合い」です。話し合うことで、脚本づくりまで、たどり着くことができました。

話し合いの議題や提案も、子どもたちができるだけ考え、自分たちで話し合っていけるように指導をしています。提案づくりを担ったのが、二つの学級から希望者を募ってつくった実行委員会です。学級で言えば「班長会」に当たるでしょう。教師の援助があってできていったことは間違いありませんが、提案（原案作成）の能力は、回を重ねるごとに高まっていきました。

六月の「一新小校区のいいとこ探し」からはじまり、七月の「ストーリー発表会」を経て一〇月の「脚本づくり」までを、一貫して子ども主体に進めています。そして、その中心に座るのが「話し合い」です。ですから、話し合いを支える「実行委員会」の指導もポイントの一つでした。リーダー集団の存在が「話し合い」を支えるということを明記しておきたいと思います。

Q●前田へのレールは？

七月中旬、ストーリーを考える頃になって、しばしば前田が、トラブルを起こし暴れました。給食が少ないと言って腹を立て当番の子の腿を蹴ったり、授業中よそ見をして注意されるとキレたりしていました。そんな前田は、人前で発表するのをいやがり、歌うことにもかなり抵抗がありました。

どうしたものか悩んでいた時に、学年集会の話し合いの中で、悪者という話に興味を示す前田を発見しました。「先生、悪者もいるんですか」「悪いやつ、出てもいいんですか」と言ってくる前田に、牧野さんは関心をもちました。

その後、そのまま放っておきません。原口を呼んで、「前田が悪者という言葉に反応したよ」と話しました。すると原口は「いろんな悪がいて、その中に前田も、考えてみますね」と応答してきます。

教師が何を言いたいのか、何をしてくれと言っているのか、少しの対話で理解してしまうのが、優れたリーダーの証拠です。ここで、前田へのレールが敷かれました。

Q●前田の飛躍へのアプローチは?

九月の終わりにあらすじができ、一〇月に脚本が完成。いよいよ、役決めを前にして、放課後、前田を残し二人だけで、真剣な対話を交わしました。

「おまえには、ひとよりか何倍かのエネルギーがあると思うとたい。そのエネルギーば、こんミュージカルで出してほしかと思うとたい」

牧野さんは熱くくり返し語りました。

役決めの学年集会。司会は牧野さん。悪者のリーダーは、原口に決まり、悪者グループも決まります。いよいよ、前田が立候補している魔女役。原口が前田の応援に立ちました。

「よく暴れ、ものを壊し、人を蹴ってきて一番似合っていると思います」

というリアルでユーモラスな発言に、自然な笑いが起こりました。そして、「魔女をしたい」という素直な前田の気持ちがみんなに受け止められました。
これで、前田の成長へのレールは万全なものとなりました。

Q●初枝の飛躍へのアプローチは？

次は、初枝です。一学期、不安定でたびたび学校を休むようになっていました。そんな初枝の転機になることが、六月と一二月にありました。

六月は、地域をまわる学習です。母親に付き添ってもらっての学習参加でしたが、いろいろな大人たちに出会う活動は新鮮だったのでしょうか。その頃から登校渋りが減っていったといいます。

次は一二月、演劇に取り組む体づくりでした。劇団の方の指導で、声出しや体慣らしをしました。初枝がどうなるか心配していましたが、友だちと一緒に大きい声を出すやり方や、音楽に合わせて体を動かすなど、楽しく取り組むことができました。この頃から、お休みしなくなったということですから、子どもの転機は、いつどこにあるかわからないものです。逆に言えば、いつでも転換のチャンスがあるということです。

初枝は、体を力いっぱい動かし、大声を出し、表現するよろこびを知ったということでした。文化活動、表現活動のもっている教育力、秘めた力です。これは、多くの子どもたちにとって言えることで、文化活動、表現活動のもつ大きな力です。

ミュージカル公演の際の最後のあいさつを誰にするかという時に、ななこに押されて立候補した初枝。チャンスを自らの意思でつかみ、やり遂げました。

当然、これらのことは偶然できたものではありません。必然性を育ててきたことは事実ですが、子どもの変化への兆しを見つける観察力と、子どもの勇気を掘り起こす洞察力があってできることです。必然性を形にするためには、意図的な働きかけや、対話などが欠かせません。必然性を育て、必然性を生かす牧野さんの指導性に学びたいと思います。

Q●「話し合い」の役割は？

実行委員長のななこは、「今日のミュージカルは、校区を歩き調べ考えて、五年生みんなで、このミュージカルをつくりあげました。何度も何度も話し合い何度も何度も練習し、今日の日を迎えました」と、あいさつをしました。

この実践のすべてを語っている言葉です。私がここでも注目するのは、「話し合い」の力です。活動を支える「話し合い」の役割です。「話し合い」は、授業展開で大きな役割を果たしてくれました。最初は、「総合学習でどんなことをやりたいか」からはじまりました。授業ですから、何に決まってもいいというわけにはいきませんが、子どもたちの意見をもとに進めていこうという基本的なスタンスをもって臨んでいます。子どもたちへの信頼というべきものでしょうか。そうでなければ、子どもたちは引いてしまいます。これは授業場面ばかりでなく、生活場面、教科外場面においても言えることです。信頼は、大事な切り口をつくります。

「話し合い」によって自発的、自主的な活動が組まれてきたのです。主体的な学習参加により、多くの子どもたちが学ぶことができました。自立へ向けての力になりました。授業の中での生活指導という点でも評価できます。

また、学校生活には、授業場面が多数です。その場面に、話し合いをもつことの意味は大きいと思います。話し合いの大切さは、生活場面でも、教科外場面でも、教科活動の場面でも同じです。

今回の牧野さんの実践では、教科の場面を中心に記録されていますが、子ども相互の関係性を育てる「班づくり」や、集団の発展にとって重要な「リーダーづくり」、活動を支える「話し合いづくり」など、授業の中でも、集団づくりができるということを証明してくれました。

さいごに

子どもたちは本来自分を表現したい。自分をほめてもらいたい。力いっぱい打ち込みたい、そんな要求をもっている。それを引き出しきれない学校がある。学校の殻を破ってこそ、子どもの力を引き出せる。学校の枠にとらわれているのは、私たちかもしれない。子どもに相談し、真剣な討議・討論が進めば、子どもたちが本気で燃えて、集団が目的に向かって一つになり、地域までも動かすということを実感した。

という牧野さんのメッセージを、「学校づくり」の大事な視点として受け止めたいと思います。

③ 教育基本法・子どもの権利条約と〈話し合い（討議）づくり〉

［教育基本法と「話し合い（討議）づくり」］

「自治」とは、自分たちの生活や活動を自分たちの手でつくり出していくこと。自らを治める、自らが治めるという意味です。自治的な活動は教育的に保障されていくものであるべきだと考えます。

「自治」をつくり出す根底にあるものが「話し合い」です。「話し合い」とは、対話・討論・討議といった内容を展開していくもので、その能力の育成は、教育基本法に定められたものだと言えます。

教育基本法第1条（教育の目的）には、

「教育は、人格の完成を目指し、平和で民主的な国家及び社会の形成者として必要な資質を備えた心身ともに健康な国民の育成を期しておこなわれなければならない」

（旧法では、「教育は、人格の完成をめざし、平和的な国家及び社会の形成者として、真理と正義を愛し、個人の価値をたっとび、勤労と責任を重んじ、自主的精神に充ちた心身ともに健康な国民の育成を期して行われなければならない」）

と書かれています。

「民主的な国家及び社会の形成者として必要な資質」の中心にあたる能力が「話し合い（討議）づくり」

にあると思います。

自治的であることの内容として、何が必要なことなのでしょうか。

自治的であれば民主的であるとは言い切れません。自治が民主的であることを保障するのが「話し合い（討議）づくり」なのです。少数意見を尊重して話し合いを深め、新しい価値を見つけることや、より深くより広い合意形成を築き出す力が求められます。対話・討論・討議の仕方を身につけるのは、人格形成をすすめるうえで不可欠な事柄です。

【子どもの権利条約と「学級（集団）づくり」】

「子どもの権利条約」は、一九八九年国際連合で採択され、日本は、一九九四年に国会で批准しました。当時は、政府による広報活動もなされ、権利条約についても広く認知されていました。現在は、理解が十分とは言えない状況です。改めて、権利条約の大事さを指摘しておきたいと思います。

「子どもの権利条約」は、子どもの権利を三つの視点から見ています。

一つめは、「子どもは子どもである」という視点です。

すべての子どもは生きる権利（第6条）をもっていますが、子どもは未成熟で弱く無力な存在です。大人たちからの保護なくしては、十全な生を保持できない存在です。子どもたちの生きる権利や幸福を追求する権利を侵害することから子どもたちを守る責務が、親に、大人に、そして国家にあるのです。

二つめは「子どもは、成長・発達する存在である」という視点です。

すべての子どもは、社会において自立した個人として生活していくために「人格の全面的かつ調和のとれた発達」（前文）をする権利をもち、そのことを保障しなければならないという観点です。

三つめは「子どもは人間である」という視点です。

子どもは未成熟で発展途上にありながらも、人間としての尊厳性および感情・意思・人格の主体であり、権利行使の主体者だという観点です。この観点からの権利を具体的に規定している点が、この条約の大きな特徴となっています。

このように「子どもの権利条約」は、弱く未熟な、それゆえに発達の可能態である子どもの、健康に生きる権利、発達する権利、教育への権利を保障することを通して、一人ひとりの子どもが、自分の意思を形成し、自分の人生を選び、決定していく力、自立していく力を身につけ、権利行使の主体者となっていくのを保障することを求めているのです。

「学級づくり（集団づくり）」を進めていく時の基礎になる「子ども観」としておさえていきたいものです。

【市民的・自由権的基本権と「話し合い（討議）づくり」】

子どもの権利条約においては、意見表明権（第12条）表現・情報の自由（第13条）思想・良心・宗教の自由（第14条）結社・集会の自由（第15条）プライバシー・通信・名誉の保護（第16条）適切な情報へのアクセスの権利（第17条）などの市民的・自由権的基本権を子どもの権利として認め、参政権や財産処理権を除けば、大人とほぼ同等の権利を保障しているといえるのです。
代表的なものを取り上げてみると、

「自己の見解をまとめる力のある子どもに対して、その子どもに影響を与えるすべての事柄について自由に自己の見解を表明する権利を保障する。その際、子どもの見解が、その年齢および成熟に従い、正当に重視される」（第12条）
「子どもは表現の自由への権利を有する。この権利は、国境に関わりなく、口頭、手書きもしくは印刷、芸術の形態または子どもの選択する他のあらゆる方法により、あらゆる種類の情報及び考えを求め、受け、かつ伝える自由を含む」（第13条）、
「子どもの思想、良心および宗教の自由への権利を尊重する」（第14条）
「子どもの結社の自由および平和的な集会の自由への権利を認める」（第15条）

と記述されています。

市民的・自由権的基本権を子どもの権利として認めていき、子どもたちに自覚させ、権利を行使していくことができるようにしていくことが、これからの学級づくり・学校づくりの中で大事にされていかなければならないことだと思います。
様々な難しさは伴うことですが、学級づくり・学校づくりの新しいテーマです。積極的に挑戦していきたいところです。

話し合いがうまくいかない？

例えば、身近な例として「話し合いがうまくできない」ということが言われます。子どもに話し合う能力が身についていないということだけでなく、話し合うことの大切さを知らない、話し合うことの方法を知らないということなどがあります。また、決められたことを押し付けられることによって、決めることに対する嫌悪感をもっているということもあります。

これらは、別の見方をすれば、学校・教師が、話し合うことの指導をうまくできないということの結果だと言えます。

教師の中にも、子どもと同様に、話し合い嫌いや苦手ということが見受けられます。そのために、話し合いの指導が上手にできないと言われます。話し合いをつくっていく、深めていく、話し合うことの楽しさ、おもしろさを知らないから、教えられないとも言われます。

また、「まだ子どもだから」「子どもは、言われたことができればいい」「考える力はないのだから」という考えが強くないでしょうか。これは、子どもの権利条約に背を向ける「子ども観」です。これではいつまでたっても、子どもに話し合う力や主体的に考える力は育ちません。

なんでも受け止めてくれること、どんなことも言えるという環境づくりが必要です。意見表明権を保障する、権利を行使することができるなど、基本的な権利を自覚させ、行使させていくことです。

表明する意見の内容、質はそれからの問題です。「子どものくせに何を言っているのだ」「子どもはろくなことを考えられないのだから」となってしまっては、子どもたちは物を言い出しません。

民主主義って何だ

さて、「話し合いづくり」は、集団の民主性や民主制度そのものを問題にします。私たちも、民主主義について学びながら、子どもと一緒に考えていくことなのだと思います。私も、長い間試行錯誤をくり返しながら、集団における民主主義のあり方を模索してきました。

民主主義は生き物です。現在進行形で、未来に向かって問題が提起されています。まさに「民主主義って何だ？」という問いかけです。この問いは永遠に続くのだろうと思っています。私が生きてきた時代の中でも、いろいろな問題が絶えず起きてきました。

一番身近な例は「多数決って民主主義だと言えるのか」という問いですが、子どもたちの話し合いを指導していても、大人の話し合いに参加していても感じるところです。過半数という数だけで決めていいのだろうかという疑問です。

国会の会議などを見たり、大人の会議を経験して、さらにその疑問が深まりました。決定が、集団成員の行動を規制するものであればなおさらです。積極的参加や消極的参加ということで、自己コントロールできるならまだしもですが、そうでない場合は、実行や参加が苦痛であったり、良心に背かなければならなかったりする場合もあります。

民主主義の問題は深い。現在・未来につながる？

「民主主義」の問題は深いです。まだ現代社会の中で解決しきれない問題を抱えています。思想信条の自由、表現の自由、結社・集会の自由などの市民的・自由権的基本権の問題ともぶつかってきます。

「話し合いづくり」の課題は、そんな将来社会の問題とつながっていると考えると、難しい課題ながらも、武者震いしてしまうほど私たちの現在・未来につながっている課題なのだということがわかります。

「話し合い」の指導を通して私たちは現在・未来と強くつながりあっているのです。何か、ワクワク、ドキドキしてきませんか。未知な部分は、みなさんのこれからの実践によって解明されるのではないでしょうか。

集団は、話し合いによって目的を決め、目的に沿うような活動を様々にしていきます。その過程で話し合うことは欠かせません。

話し合いがなく教師やリーダー機関の指示や命令だけで集団が（学級が）動いていくとしたら、それは、命令と服従の関係を子どもたちに教えてしまうだけです。民主的集団とは縁遠いものです。

私たちが「話し合い」を大事にしようとしているのは、指示や命令で動くのでなく、自分たちで考え、自分たちの意思で決められる力を子どもたちに求めるからです。

「話し合い」は〈民主主義を学び合う場〉

学校は、社会を映し出すものです。社会を反映したミニ社会です。そのミニ社会で未来の社会の在り方を学ぶのです。ですから、教室の世界では、社会の理想を描いていくことが大事です。

人間を尊重する社会、個々の人間の権利が守られることを第一義に考える社会。集団間のあり様もまた試されています。話し合いの仕方も問われてきます。私たちが求める市民社会のミニ版が教室になっていくことで、子どもたち一人ひとりに市民社会の姿を学ばせていくことになります。

「個人と集団との関係とは何か」「民主主義とは何か」など、考えていくことはたくさんあります。「決めることとは?」「決定への参加と実行への参加、選択権、拒否権は?」などなど。

教室は社会を映すために、矛盾も見えてきます。その中で、悩みながら実践をする場合も多いでしょうが、誠実に未来社会を見据えて、実践の方向付けをしていきたいものです。そして、大いに学ぶことにつなげていければ幸いです。

「話し合い」は〈民主主義を学び合う場〉です。「話し合い」のもっている意味の奥深さを感じることができればいいと思います。試行錯誤の中で、子どもたちと学びあえればいいのだと思います。

第一章や第二章で見てきたように、「話し合い」があることで、学級の活動が展開されていきます。「決める」ことによって、実行されます。「決める」ことがいい加減になっていれば、実行もいい加減になってしまいます。

すすんで実行させたいために、形式的に決めるということもしばしば見受けることですが、子どもの力を動員するために、「決める」ということになってしまってはいけないと思います。

実践は試行錯誤ですから、時には間違ったことを教えてしまう結果になることもあります。それでも学び直すことはできます。いつでも、子どもが何を学び取っているのか検証していく姿勢が必要だと思います。

おわりに

この本は、ぼくの歴史であり新たな友人との出会いです。

ぼくがこれまで学んできた全国生活指導研究協議会では、班づくり、リーダーづくり、討議づくりを学級集団づくりの中心テーマとし、理論と実践を展開しています。これを二一世紀に生きる若い人たちに受け入れてもらえるよう、リニューアルしたいと考えていました。それをこういう形で完成させることができ、大変うれしく思います。とりわけ、私たちの企画を受け入れ、実現してくださったクリエイツかもがわの田島英二さん、伊藤愛さん、本当にありがとうございました。

ぼくは、この出版を通して、仕事とは自分を映す鏡だと気づかされました。

大分で仕事をしている時は、辞めて気楽に暮らしたいと思うこともありました。でもいざ辞めると、ぼくってなんなんだろうと考え込みました。仕事は、お金のためにしていると思っていましたが、自分が社会で生きていることを映してくれる、それも仕事なのだとわかったのです。

揺れている時に、「自分で決めた道を進めばいい」と励ましてくださった大和久勝先生。いつも優しい声で応対してくれた古関勝則さん、主筆者の方と語り合う中で、自分を見つめることができました。

深く感謝しています。

小さい頃からぼくは、よく母に叱られました。納屋に閉じ込められたこともあります。泣きじゃくるぼくを救ってくれたのは父でした。この本は、その場面を思い出させてくれました。批判する、反対意見を言う人もいれば、守ってくれる人もいる。いろいろな考えの人がいることを教えてくれるのが話し合いです。話し合うとは、世界の風を学校に吹かせることです。

最後に「保護者となかよく」「困ったさんもクラスの一人」とシリーズが続くよう、全国各地で学習会を開く予定です。ご期待ください。

二〇一六年四月

丹野　清彦

●**執筆者**

泉　　克史（いずみ　かつし）コラム

金沢市の小学校に勤務。趣味の将棋は４段。好きな言葉は、先を読む。しかし、教育実践の先を読むのは、今もむずかしい。

小田原典寿（おだはら　のりひさ）第１章9、コラム

高知大学教育学部卒業。高知県内の小学校に勤務。趣味は熱帯魚とベランダ菜園。今はレッドビーシュリンプ（観賞用えび）の繁殖に挑戦中。

風野みさき（かぜの　みさき）第２章低学年

道東、ムツゴロウさんがかつて住んだ無人島のある浜中町をスタートに、アザラシとラッコが住むえりも岬、6500万年前のアンモナイトが眠る日高町と北海道の大自然の中の小学校で働いてきた。

小野　晃寛（おの　あきのり）第１章10

松岡修造の熱血指導に憧れ教員の道を目指す。大分大学卒業後、小学校にて働き始める。大切にしている言葉「今を生きる」。

古関　勝則（こせき　かつのり）第１章4、7、コラム

福島大学、明星大学大学院卒業。福島市内の小学校勤務。主な著書に「子どもが主人公となる学校を」（明治図書）、「学級担任ハンドブック小学１年生」（たんぽぽ出版）など。

髙橋　孝明（たかはし　たかあき）第１章8

北海道旭川市の学校に勤務。富良野で勤務していたときに田中邦衛さんとサウナで話したことが最高の思い出。好きな言葉「ピンチこそチャンス」。

中村　弘之（なかむら　ひろゆき）第１章5、6

金沢大学を卒業し、富山県の小学校に勤務。山登りの好きなアウトドア派で、時にクラスの子どもを連れてキャンプする。

牧野　幸（まきの　みゆき）第２章高学年

熊本市立小学校に勤務。これまで学級集団づくりに取り組むほか、全校や地域のオリジナルミュージカル指導を手がけ、作曲や楽器演奏なども担当。

●**イラスト**

岩本みよ子（いわもと　みよこ）

音楽科を卒業して歌のお姉さんに憧れる。絵のうまさが人気になり、ひよこ先生と慕われている。

●編著者

大和久 勝（おおわく まさる）
1945年東京生まれ。1968年早稲田大学教育学部卒業。2005年3月まで東京都の小学校教諭。現在、國學院大學講師、全国生活指導研究協議会常任委員。
主な著書に『アパッチの旗』（明治図書）、『「ADHD」の子どもと生きる教室』（新日本出版社）、『共感力―「共感」が育てる子どもの「自立」』（同）、『困っている親と困っている教師―対立から共同へ』（同）、『困った子は 困っている子』（クリエイツかもがわ）、『発達障害の子どもと育つ―海ちゃんの天気 今日は晴れ』（同）『対話と共同を育てる道徳教育』（同）。

丹野 清彦（たんの きよひこ）
大分大学を卒業後、小学校教諭になる。俳優・西田敏行さんのお兄さんと出会い、学級づくりについて学ぶ。2014年3月まで大分県の小学校で働き、北海道暮らしを楽しむ。現在は琉球大学教授。全国生活指導研究協議会研究全国委員。
主な著書に『ドタバタ授業を板書で変える』（高文研）、『子どもと読みたい、子どもたちの詩』（同）、『子どもをハッとさせる教師の言葉』（同）、『少年グッチと花まる先生』（同）、『がちゃがちゃクラスをガラーッと変える』（同）など。いずれも著者名は溝部清彦。
第1章1、2、3、コラム、第2章中学年

はじめての学級づくりシリーズ3
話し合いをしよう
2016年4月30日　初版発行

編　著●大和久 勝・丹野 清彦

発行者●田島 英二
発行所●株式会社 クリエイツかもがわ
〒601-8382　京都市南区吉祥院石原上川原町21
電話 075(661)5741　FAX 075(693)6605
ホームページ　http：//www.creates-k.co.jp
郵便振替　00990-7-150584

デザイン・装丁●菅田 亮
印刷所●T-PLUS／為国印刷株式会社

ISBN978-4-86342-183-7 C0037　printed in japan